HERMANN HUMMEL

Gerichtsschutz gegen Prüfungsbewertungen

Schriften zum Öffentlichen Recht

Band 105

# Gerichtsschutz gegen Prüfungsbewertungen

Rechtsweggarantie — Rechtliches Gehör — Beurteilungsspielraum

Von

Dr. Hermann Hummel

DUNCKER & HUMBLOT / BERLIN

Meinen Lehrern, denen ich die
Anregung zum Studium verdanke:

*Irene Mayer-Eschenbach*
*Karl-Heinz Rewoldt*

# Vorwort

Diese Untersuchung möchte zu einer „coincidentia oppositorum"
zwischen den Aufgaben des Schul- und Prüfungswesens und der recht-
staatlichen Forderung nach lückenlosem Gerichtsschutz beitragen. Daß
gegen die Versagung von Zeugnissen und Diplomen Art. 19 IV Grundgesetz den Rechtsweg eröffnet, steht außer Streit. Umstritten ist jedoch
die Intensität der Gerichtskontrolle, d. h. die Frage, ob Schul- und
Examensleistungen auch in ihrer fachlich-wissenschaftlichen Bewertung
nachgeprüft werden *dürfen, können* oder *müssen.*

Diese Arbeit wurde durch ein Stipendium der Studienstiftung des
Deutschen Volkes und der Allianz Versicherungs-AG gefördert, denen
ich zu großem Dank verpflichtet bin. Wertvolle Anregungen verdanke
ich dem Seminar von Herrn Professor Dr. P. Lerche, dem Schulreferat
der Stadt München und dem Seminar für freiheitliche Ordnung,
Herrsching, die mir erlaubten, meine Thesen vor Juristen und Pädagogen vorzutragen. Herrn Professor Lerche möchte ich für Anregungen
und Kritik herzlich danken.

*Hermann Hummel*

# Inhaltsverzeichnis

Zweiter Teil

## Interpretation des Art. 19 IV GG im Hinblick auf die Frage nach der Zulässigkeit eines Beurteilungsspielraums    45

### Vorbemerkung: Gegenwärtige Tendenzen im Spannungsverhältnis der vollziehenden und der rechtsprechenden Gewalt    45

*Erster Abschnitt*

### Entwicklung in Lehre und Rechtsprechung    46

*Zweiter Abschnitt*

### Kritische Würdigung    54

# Abkürzungen

| | | |
|---|---|---|
| a. A. | = | anderer Ansicht |
| a.a.O. | = | am angegebenen Ort |
| abl. | = | ablehnend |
| Anm. | = | Anmerkung |
| AöR | = | Archiv des öffentlichen Rechts |
| Art. | = | Artikel |
| AUB | = | Allgemeine Unfall-Versicherungsbedingungen |
| BayBO | = | Bayerische Bauordnung |
| BayVBl | = | Bayerische Verwaltungsblätter |
| BayVerfGH | = | Bayerischer Verfassungsgerichtshof |
| BayVGH | = | Bayerischer Verwaltungsgerichtshof |
| BEG | = | Bundesentschädigungsgesetz |
| BFH | = | Bundesfinanzhof und Entscheidungen des Bundesfinanz-hofes |
| BGBl | = | Bundesgesetzblatt |
| BGE | = | Bundesgericht der schweizerischen Eidgenossenschaft |
| BGH | = | Bundesgerichtshof |
| BGHSt | = | Entscheidungen des Bundesgerichtshofes in Strafsachen |
| BGHZ | = | Entscheidungen des Bundesgerichtshofes in Zivilsachen |
| BK | = | Bonner Kommentar |
| BStBl | = | Bundessteuerblatt |
| BVerfG | = | Bundesverfassungsgericht |
| BVerfGE | = | Bundesverfassungsgerichts-Entscheidungen |
| BVerwG | = | Bundesverwaltungsgericht |
| BVerwGE | = | Bundesverwaltungsgerichts-Entscheidungen |
| Diss. | = | Dissertation |
| DJZ | = | Deutsche Juristenzeitung |
| DÖV | = | Die öffentliche Verwaltung |
| DRZ | = | Deutsche Rechtszeitschrift |
| DV | = | Deutsche Verwaltung |
| DVBl | = | Deutsches Verwaltungsblatt |
| e. A. | = | einstweilige Anordnung |

| | | |
|---|---|---|
| GG | = | Grundgesetz für die Bundesrepublik Deutschland |
| GVBl | = | Gesetz- und Verordnungsblatt |
| h. L. | = | herrschende Lehre |
| JöR | = | Jahrbuch des öffentlichen Rechts |
| JuVAPO | = | Juristische Verwaltungs-Ausbildungs- und Prüfungsordnung |
| JZ | = | Juristenzeitung |
| LS | = | Leitsatz |
| LVG | = | Landesverwaltungsgericht |
| MDR | = | Monatsschrift für Deutsches Recht |
| N.F. | = | Neue Folge |
| NJW | = | Neue Juristische Wochenschrift |
| OVG | = | Oberverwaltungsgericht |
| OVGE | = | Entscheidungen der Oberverwaltungsgerichte für das Land Nordrhein-Westfalen in Münster sowie für die Länder Niedersachsen und Schleswig-Holstein in Lüneburg |
| Rdn. | = | Randnummer |
| RGSt | = | Entscheidungen des Reichsgerichts in Strafsachen |
| RGZ | = | Entscheidungen des Reichsgerichts in Zivilsachen |
| RWS | = | Recht und Wirtschaft der Schule |
| RzW | = | Rechtsprechung zum Wiedergutmachungsrecht |
| Sp. | = | Spalte |
| VerfGH | = | Verfassungsgerichtshof |
| VG | = | Verwaltungsgericht |
| VGH | = | Verwaltungsgerichtshof |
| VO | = | Verordnung |
| VVDStRL | = | Veröffentlichungen der Vereinigung der Deutschen Staatsrechtslehrer |
| VwGO | = | Verwaltungsgerichtsordnung vom 21. Januar 1960 |
| ZBR | = | Zeitschrift für Beamtenrecht |
| ZPO | = | Zivilprozeßordnung |
| zust. | = | zustimmend |

# Erster Teil

# Die Lehre vom Beurteilungsspielraum

*Erster Abschnitt*

## Entwicklung in Lehre und Rechtsprechung

### I. Auffassungen in der Lehre

#### 1. Die Stellungnahme von Bachof

In seiner Abhandlung „Beurteilungsspielraum, Ermessen und un-bestimmter Rechtsbegriff im Verwaltungsrecht" legt *Bachof*[1] dar, daß unbestimmte Gesetzesbegriffe der Behörde kein Ermessen im Sinne einer Freiheit des Wählens einräumen könnten, weil die Subsumtion des Sachverhalts unter einen unbestimmten Gesetzesbegriff ein Vor-gang des Erkennens sei, der eine Freiheit im Handeln verbiete.

Dennoch sei denkbar, daß — etwa hinsichtlich des Begriffs „anstän-dige Baugesinnung" — nicht nur *eine* Lösung richtig sei und der Be-hörde ein Spielraum bei der Beurteilung der Voraussetzungen ihres Handelns eingeräumt werde. Aus verschiedenen Beurteilungsmöglich-keiten folgten zwangsläufig verschiedene Lösungsmöglichkeiten.

Bachof hebt dabei hervor:

1. Ein Beurteilungsspielraum bestehe nur im Bereich der Subsum-tion, weil Auslegung und Tatsachenfeststellung stets voll über-prüfbare Rechtsfragen seien.

2. Gerade bei Wertbegriffen wie „anständige Baugesinnung" werde deutlich, daß die Auffassung, der Gesetzgeber lasse mit dieser un-bestimmten Formulierung erkennen, daß im konkreten Fall nur *eine* Lösung richtig sein könne, nicht haltbar sei.

3. Innerhalb eines hier nicht nur subjektiv, sondern auch objektiv möglichen Beurteilungsspielraums könne man kaum von einer

---

[1] JZ 55, 97 ff.

richtigen oder falschen Beurteilung, sondern nur von verschiedenen möglichen Ansichten sprechen.

4. Eine volle gerichtliche Überprüfung führe nur dazu, daß das Gericht seine nicht weniger subjektive Wertvorstellung an die Stelle jener der Behörde setze, was die Rechtsfindung nicht verbessere, das ganze Verfahren vielmehr unsicherer mache.

5. Verwende der Gesetzgeber einen so sehr auf subjektive Wertvorstellungen gegründeten Begriff, so wolle er der gesetzesanwendenden Behörde einen Spielraum eigener Beurteilung einräumen.

6. Nur wenn der Gesetzgeber ohne hinreichenden Grund von einer möglichst gründlichen Durchformung der Voraussetzungen des Verwaltungshandelns absehe und eine konkrete Formulierung willkürlich durch einen subjektivierenden Wertbegriff ersetze, verstieße er materiell gegen den Grundsatz der Gesetzmäßigkeit der Verwaltung.

7. Die Subsumtion sei nicht wie die Tatsachenfeststellung eine Frage der Beweiswürdigung, sondern eine Frage wertender Beurteilung, wobei es genüge, daß eine Tatsache bei verständiger Würdigung einem Wertbegriff als unterfallend angesehen werden dürfe.

8. Auch Erfahrungsbegriffe wie „Verkehrsgefährdung" (durch eine Tankstelle) ließen einen derartigen Spielraum zu, zumal im Prozeß oft namhafte Sachverständige zu entgegengesetzten Auffassungen kämen. Hier könnte das Gericht nicht der erfahrenen, für Leben und Gesundheit der Bürger verantwortlichen Behörde die Verantwortung abnehmen.

9. Der Gesetzgeber möge künftig das Bestehen eines Beurteilungsspielraums deutlich hervorheben. Die Vermutung spreche gegen einen Beurteilungsspielraum. Sein Bestehen sei sorgfältig zu begründen.

10. Das Problem der unbestimmten Gesetzesbegriffe bestehe darin, daß die Subsumtion ein Urteil wertender Art erfordere, das wegen der Komplexität der dabei anzustellenden Erwägungen und wegen der Vielzahl der nichtmitteilbaren Imponderabilien nicht oder nur begrenzt nachvollziehbar sei[2].

---

[2] Vgl. auch *Bachof*, Anm. zu BVerwGE 4, 89 in DVBl 57, 788; *derselbe:* Die Rechtsprechung des BVerwG (Bde. 4—12), JZ 62, 701 (704); ebenso: Verfassungsrecht, Verwaltungsrecht, Verfahrensrecht in der Rechtsprechung des BVerwG, 1963, 230 ff.

## 2. Ules „Vertretbarkeitslehre"

Die in Literatur[3] und Rechtsprechung[4] als „Vertretbarkeitslehre"
bezeichnete Auffassung von *Ule*[5] unterscheidet sich von Bachofs Lehre
durch folgende Überlegungen.

Der Gewaltenteilungsgrundsatz verlange, daß sich die Verwaltungsgerichte auf die Rechtskontrolle beschränkten, weil sonst die Verteilung der staatlichen Funktionen auf die verschiedenen Funktionsträger
nicht mehr gewährleistet sei. In den Grenzfällen, in denen verschiedene Würdigungen eines Sachverhaltes durch einen unbestimmten
Rechtsbegriff gedeckt seien, sei eine Rechtskontrolle der Verwaltung
jedoch nicht mehr möglich.

Diese relative Freiheit bei der Subsumtion bestehe nicht bei faktischen oder deskriptiven, sondern nur bei allgemeinen normativen
Begriffen (unbestimmten Gesetzesbegriffen), die vom Richter eine Beurteilung nach allgemeiner Lebenserfahrung bzw. außerjuristischer
oder weltanschaulicher Wertung erforderten.

Ob beispielsweise ein Gewerbetreibender nach einer Diebstahlsstraf-
tat unzuverlässig sei, erlaube bei aller noch so gut gemeinten objekti-
vierenden Erfassung von Werten und Normen nur eine relativ gültige
Eigenwertung dahingehend, ob *eine* Vorstrafe stets genügend sei oder
wann sie ausreiche. Dabei sollte das Gericht im Zweifel der Auffassung
der Behörde folgen, wenn deren Ergebnis ohne Verletzung von Denk-
gesetzen und allgemeinen Erfahrungssätzen zustande gekommen und
nach dem Sachverhalt *vertretbar* sei.

Bei Prüfungsentscheidungen führe nicht nur die Unwiederholbarkeit
der Prüfungssituation, sondern auch die Unvertretbarkeit der Persön-
lichkeiten, aus denen sich die Prüfungskommission zusammensetze, zu
einer Einschränkung der gerichtlichen Nachprüfbarkeit. Deshalb stelle
die Beurteilung einer Doktorarbeit oder einer Habilitationsschrift
durch die Fakultät einer wissenschaftlichen Hochschule eine unvertretbare Leistung dar, die von keinem anderen Personenkreis erbracht
werden könne.

---

[3] Vgl. *Jesch* AöR 82, 163 (1957); *Stern* JuS 65, 306 (307); *Kellner* NJW 66, 857
(858 N. 7); *Korbmacher* DÖV 65, 696.

[4] BVerwGE 5, 153 (162); VGH n. F. 19, 122 (125).

[5] In: Zur Anwendung unbestimmter Rechtsbegriffe im Verwaltungsrecht,
Gedächtnisschrift für Walter Jellinek, 1955 S. 309 ff.; *derselbe* in VVDStL
15, 133 ff., 166 ff. und DVBl 66, 574.

### 3. Der Standpunkt von Jesch

Mit seiner Abhandlung „Unbestimmter Rechtsbegriff und Ermessen in rechtstheoretischer und verfassungsrechtlicher Sicht"[6] vertiefte *Jesch* die Diskussion.

Die von Bachof betonte Unterscheidung zwischen Subsumtion und Auslegung sei praktisch nicht möglich. Es bestehe kein struktureller Unterschied zwischen den Auslegungsschwierigkeiten bei faktischen und bei normativen Begriffen; auch seien normative Begriffe nicht mit unbestimmten identisch.

Kernproblem der Anwendung und Überprüfung unbestimmter Gesetzesbegriffe sei die Vielschichtigkeit des Sachverhalts, welche bei Wertbegriffen die Auflösung in Faktenbegriffe oft unmöglich mache.

Der Richter könne den Subsumtionsauftrag nicht immer in vollem Maße erfüllen, da die Fülle der aus Erfahrung und Beobachtung gewonnenen Fakten nicht immer mitteilbar sei. Nur dieses Problem der nichtmitteilbaren Imponderabilien rechtfertige einen Beurteilungsspielraum.

Wo das Recht die Mittel zur Erfüllung der Aufgabe versage, verlange es auch nicht die Erfüllung der Aufgabe. Denn das Recht verlange nichts Unmögliches. Impossibilium nulla est obligatio. Dieser Schluß von den begrenzten Mitteln auf die begrenzte Aufgabe habe Verfassungsrang.

Das Gericht könne daher der Behörde einen Beurteilungsspielraum zusprechen, wenn die tatsächlichen Feststellungen erkennen ließen, daß die Behörde den Rechtsbegriff weitestgehend in beschreibende Fakten- und Erfahrungsbegriffe aufgelöst habe und wenn die Subsumtion als zutreffend erscheine, sofern man unterstelle, daß weitere praktisch nicht oder nur sehr schwer mitteilbare Gründe die Entscheidung trügen.

### 4. Die Thesen von Rupp

Neuerdings lehnt Hans Heinrich *Rupp*[7] einen Beurteilungsspielraum mit folgenden Thesen ab:

Die Versuche, aus der imponderablen Natur der Sache eine Letzterkenntnisbefugnis der Verwaltung herzuleiten, stützten sich auf den Gedanken, es sei ein ungeschriebenes Gesetz, daß der sachverständigsten und berufensten Stelle die Letzterkenntnis zustehe.

---

[6] AöR 82, 163 ff. (1957); vgl. auch *Jesch* JZ 61, 624 ff. und AöR 86, 491 ff. (1962).

[7] Grundfragen a.a.O. 1965, 207—221.

Aus der Tatsache, daß die Subsumtion eines Sachverhaltes unter eine wertende Norm mehrere Deutungen zuläßt oder daß der Gesetzgeber einen sehr subjektiven Wertbegriff gebraucht oder daß dem Richter der Erfahrungsschatz der nichtmitteilbaren Imponderabilien fehlt, folge noch nicht, daß die Letzterkenntnis bei der Verwaltung liege.

Es habe bisher in keinem Prozeßrecht Streit darüber geherrscht, daß bei vielschichtigen Vorgängen, die in ihrer Komplexität experimentell nicht wiederholbar seien — etwa, ob eine Examensnote aus einer mündlichen Prüfung der gezeigten Leistung entspreche —, der zuständige Fachmann und seine Behörde besondere Beachtung für die richterliche Erkenntnis verdiene. Rechtlich gebunden sei der Richter an die Fachleute jedoch nicht. Im Zweifel entscheide die materielle Beweislast.

### 5. Andere Stellungnahmen

*a) Die „höchstpersönliche Beurteilungsermächtigung" nach Kellner*

*Kellner*[8] lehnt zunächst die Lehren von Bachof und Ule ab.

Man solle es dem Richter überlassen, ob er sich in concreto eine Meinung zu bilden vermag. Scheitere die tatsächliche Aufklärung, so griffen die Regeln der materiellen Beweislast ein. Einer neuen Rechtsfigur und einer Bindung des Richters an die Meinung einer Streitpartei bedürfe es nicht.

Eine Ausnahme bestehe nur in Bereichen, in denen Beurteilungen unter dem stillschweigenden Vorbehalt beschränkter menschlicher Erkenntnisfähigkeit stünden, insbesondere dann, wenn Menschen über Eigenschaften und Leistungen von Menschen zu urteilen hätten. Dies sei bei Eignungsbeurteilungen von Beamten und vor allem bei Prüfungen der Fall.

Sofern die Prüfer und die Methoden optimal ausgewählt seien, dürfe man von einer höchstpersönlichen Beurteilungsermächtigung ausgehen. Ob ein Kandidat die Prüfung bestanden habe, hänge nicht von seiner Befähigung, sondern davon ab, ob ihn die Kommission für befähigt *halte*.

*b) Die Ablehnung eines Beurteilungsspielraums durch Fellner*

*Fellner*[9] betont den Unterschied zwischen einem Nicht-dürfen und einem Nicht-können des Richters. Es gehe nur darum, unter welchen

---

[8] NJW 66, 857 ff.

[9] DVBl 66, 161 (164—166).

2*

Voraussetzungen die Gerichte die Einschätzung der Behörde nicht korrigieren *könnten*, weil die Mittel präziserer Einschätzung fehlen.

Ob zum Beispiel jemand die notwendige Zuverlässigkeit besitze, erfordere eine Prognose, die weder exakt begründbar noch widerlegbar sei.

Das Beurteilungsergebnis sei vertretbar, wenn es innerhalb der Streuung liege, die dem unbestimmten Gesetzesbegriff — etwa wie der Gewichtstoleranz im Münzwesen — seiner Natur nach eigne. Die uneingeschränkte Nachprüfbarkeit müsse dagegen außer Streit stehen. Die Bezeichnung Beurteilungsspielraum solle man im Interesse der Klarheit aufgeben.

### c) Die Untersuchungen Waltners

*Waltner*[10], der eine ausführliche Darstellung der Lehrmeinungen zum Thema Beurteilungsspielraum bietet, faßt das Ergebnis seiner kritischen Würdigung wie folgt zusammen:

Unter der Lehre vom Beurteilungsspielraum würden heute alle die Theorien verstanden, die neben dem Ermessen einen weiteren Bereich von Verwaltungstätigkeit bejahten, der nur in beschränktem Umfange der gerichtlichen Kontrolle unterliegen soll. Was die gemeinsame Bezeichnung „Beurteilungsspielraum" rechtfertige, sei der Umstand, daß alle diese Versuche einen Qualitätsunterschied zwischen Ermessen und Beurteilungsspielraum behaupteten, obwohl sie meist nur Argumente wiederholten, die schon die „ältere Ermessenslehre" vorgebracht hätte, um ein Ermessen bei der Anwendung unbestimmter Gesetzesbegriffe zu rechtfertigen.

Der unbestimmte Gesetzes- oder Rechtsbegriff sei eine unentbehrliche Einrichtung der Rechtsordnung und unterscheide sich vom bestimmten Rechtsbegriff dadurch, daß bei ihm der Begriffskern kleiner und der Begriffshof größer sei. Schwierigkeiten bei seiner Anwendung ergäben sich vor allem, weil Tatsachenfeststellung und Subsumtion wegen des Problems der nichtmitteilbaren Imponderabilien nicht immer zu trennen seien. Dieses Problem und der Gedanke der besonderen Sachkunde der Behörde seien mit den hergebrachten Grundsätzen des Prozeßrechts wie den Regeln über die Darlegungs- und Beweislast, die Bildung freier richterlicher Überzeugung und die Mithilfe von Sachverständigen zu bewältigen.

An der vollen Überprüfung aller unbestimmten Gesetzesbegriffe in rechtlicher und tatsächlicher Hinsicht sei festzuhalten. Ein Verzicht

---

[10] Georg *Waltner*: Die gerichtliche Überprüfbarkeit von Verwaltungsentscheidungen im Rahmen des sogenannten Beurteilungsspielraums, Münchner Dissertation, 1968 S. 166 ff.

auf den Begriff „Beurteilungsspielraum" würde Mißverständnisse vermeiden.

Inhalt und Problematik des Beurteilungsspielraums sind damit von seiten der Lehre in einem für die Zielrichtung der vorliegenden Arbeit genügendem Maße beleuchtet worden, und es gilt nunmehr, die Entwicklungslinien der Rechtsprechung nachzuzeichnen.

## II. Rechtsprechung zum Beurteilungsspielraum

Der Gedanke eines behördlichen Beurteilungsspielraums entstand vornehmlich im Zusammenhang mit dem Prüfungswesen. Als nach Inkrafttreten des Grundgesetzes die Rechtsweggarantie des Art. 19 IV 1 GG in das Bewußtsein einer breiteren Öffentlichkeit rückte, gingen bei den Verwaltungsgerichten zahlreiche Anfechtungsklagen wegen Prüfungen und Nichtversetzungen ein.

Zunächst anerkannten die Gerichte, daß ein Verwaltungsakt vorliege[11]. Jedoch hätten die Prüfer freies Ermessen[12]. Die Gerichte sollten sich nicht über die Prüfer hinwegsetzen[13], selbst wenn einzelne Lehrer unrichtig urteilten und dadurch die Konferenz fehlentscheide[14]. Denn inhaltlich-fachlich könnten die Gerichte Prüfungsentscheide nicht nachprüfen[15].

Unter bestimmten, eng begrenzten Voraussetzungen — so urteilte das BVerwG einige Zeit später — sei die Anerkennung eines „gerichtsfreien Beurteilungsspielraums" der Behörde zweckmäßig und verfassungsrechtlich vertretbar. Gerade bei unbestimmten Rechtsbegriffen wertenden Inhalts — wie dem der Eignung im Schulrecht — sei in Grenzfällen der Beurteilung die natürliche Schranke menschlicher Erkenntnisfähigkeit gesetzt[16].

Die Erfahrung lehre — fuhr der 7. Senat fort[17] —, daß das Urteil über den Wert geistiger Leistungen verschieden ausfallen könne. Die Rechtsordnung verpflichte den Lehrer, dem eine längere Beobachtungszeit zur Verfügung stehe, nicht, eine Gesamtnote nach den Regeln der Arithmetik zu bilden und zu demselben Urteil zu gelangen wie später ein gerichtlicher Sachverständiger. Dem Richter sei es fast un-

---

11 BVerwGE 3, 258.
12 OVG Lüneburg DVBl 51, 147; OVG Münster MDR 53, 253.
13 OVG Berlin DVBl 53, 579; LVG Düsseldorf DVBl 54, 583.
14 OVG Rheinland-Pfalz DVBl 54, 579.
15 OVG Berlin DVBl 53, 579.
16 BVerwGE 5, 153 (162) 1957; vgl. auch BVerwGE 8, 192 ff. 1959.
17 BVerwGE 8, 272 ff. 1959.

möglich, eine Note zu erteilen, denn die Note sei in Relation zu den
Noten der übrigen Schüler zu setzen, der Durchschnitt wäre zu ermitteln, bevor über- oder unterdurchschnittliche Noten erteilt werden
könnten. Bei technischen Prüfungen wäre der Richter schlechthin überfordert und auf das Urteil der Sachverständigen angewiesen.

Ferner: Prüfungsentscheidungen sollten ihrem Wesen nach gerade
das höchstpersönliche Urteil eines nach bestimmten Gesichtspunkten
zusammengesetzten Gremiums wiedergeben[18].

Die volle Nachprüfung scheitere am Faktischen, an der Natur der
Sache. Der Rechtsschutz werde nicht verweigert, er sei nur nicht so
intensiv[19].

Bei der Fülle von Faktoren, die einer sorgfältigen Berücksichtigung
und Abwägung bedürften, könne der Richter nur ganz ausnahmsweise
und bei einer besonderen Fallgestaltung den Bewertungsvorgang an-
stelle des Prüfers selbst vornehmen. Nachprüfbar sei jedoch, ob das
Verfahren, die Tatsachengrundlage, die Bewertungsgrundsätze und die
Gleichheit gewahrt wurden und ob nicht sachfremde Erwägungen mitgespielt hätten[20].

Dagegen erklärte das BVerwG den unbestimmten Rechtsbegriff
„künstlerisch wertvoll" für voll nachprüfbar: anders als bei Prüfungs-
und Schulleistungen, die nicht voll wiederholbar seien, lasse sich ein
Kulturfilm vor jedem Gremium zu erneuten Begutachtung abspielen[21].

Es verdient Erwähnung — und zu diesem Resümee kommt das
BVerwG selbst[22] —, daß bislang nur bei Prüfungsentscheidungen und
bei Eignungsbeurteilungen von Beamten den Behörden ein „Beurteilungsspielraum" oder eine „Beurteilungsermächtigung" zugesprochen
wurde. Dementsprechend ist der vorliegenden Arbeit eine chronologi-
sche Übersicht über die Nachkriegsrechtsprechung zum Prüfungswesen
anhand von 62 Entscheidungen und Begründungen im Anhang bei-
gefügt.

### III. Zusammenfassung

Unbestimmte Rechtsbegriffe ermöglichten wegen der Komplexität
der Erwägungen und nichtmitteilbaren Imponderabilien verschiedene

---

[18] BVerwGE 11, 165 (167) 1960 6. Senat; vgl. auch BVerwGE 12, 20 ff. 1961
und 12, 29 ff.

[19] BVerwGE DVBl 64, 825 ff.

[20] BVerwGE 8, 272; BVerwG DVBl 66, 860; 35; a. A. OVG Hamburg DVBl
60, 652.

[21] DVBl 66, 571.

[22] DöV 66, 722; vgl. auch DVBl 65, 914 (916).

Auslegungen; dies rechtfertige einen Beurteilungsspielraum *(Bachof, Jesch, BVerwG)*[23].

Der Gesetzgeber habe dies gewollt — ein nach *Rupp*[24] verfehlter Schluß von der Sachkenntnis auf die Letzterkenntnis —, möge dies aber deutlicher kundtun *(Bachof)*[25].

Prüfungssituationen seien unwiederholbar und die Prüfer seien unvertretbar *(Ule)*[26], das Gericht habe eine nicht weniger subjektive Wertvorstellung *(Ule)* und könne keine Noten erteilen (BVerwG)[27]. Sei die Wertung vertretbar, so solle das Gericht sie stehen lassen *(Ule, Fellner)*[28].

Nach dem Grundsatz der Gewaltenteilung solle sich der Richter bei außerjuristischen Wertungen auf die Rechtskontrolle beschränken *(Ule)*. Nachprüfbar sei, ob das Verfahren, die Tatsachengrundlage, die Bewertungsgrundsätze und die Gleichheit gewahrt wurden und ob nicht sachfremde Erwägungen mitgespielt haben (BVerwG)[29].

Einschränkend: Nur wenn Menschen über Eigenschaften und Leistungen von Menschen zu urteilen haben, bestehe eine höchstpersönliche Beurteilungsermächtigung *(Kellner)*[30]. Es gäbe kein „Nicht-Dürfen", wohl aber ein „Nicht-Können" *(Fellner)*[31].

Den Beurteilungsspielraum ablehnend: Im Zweifel entschieden die Grundsätze des Prozeßrechts, insbesondere die materielle Beweislast *(Rupp, Waltner)*[32].

Im folgenden nun die eigene Auffassung des Verfassers.

Zunächst zur Frage, ob ein unbestimmter Rechtsbegriff eindeutig angewandt werden kann. Das zweite Kapitel geht auf das Kann-Nicht-Argument von Jesch ein, das dritte auf die Intension des Gesetzgebers zur Zuständigkeit im Prüfungswesen, das vierte auf die gerichtliche Nachprüfung bezüglich Willkür und das fünfte behandelt die Beweiserhebung und Beweislast bei Prüfungsbewertungen.

---

[23] *Bachof* JZ 55, 97 ff.; *Jesch* AöR 82, 163 ff.; 86, 491 ff.; JZ 61, 624 ff.; BVerwGE 8, 272 ff.

[24] Grundfragen 207 ff.

[25] a.a.O.

[26] Siehe Note 5.

[27] E 8, 272 ff.

[28] *Fellner* DVBl 66, 161 (164—166).

[29] E 8, 272.

[30] NJW 66, 857 ff.

[31] a.a.O.

[32] *Rupp* a.a.O.; *Waltner* siehe Note 10.

*Zweiter Abschnitt*

**Kritische Würdigung**

### I. Zum Streit um die Eindeutigkeit oder Mehrdeutigkeit unbestimmter Rechtsbegriffe

*Bachof* und *Jesch* halten nur für voll überprüfbar, was eindeutig bestimmt oder bestimmbar ist[33]. Dagegen kann man einwenden, daß überall, wo unbestimmte Rechtsbegriffe anzuwenden sind, dem Gesetzgeber wenigstens als Postulat eine optimale Bestimmbarkeits-Erzielung durch den Richter vor Augen steht. Zwar wird eine Wertung und Bewertung bei der Anwendung von Begriffen wie Mangelhaft, Verunstaltung, anständige Baugesinnung, immer eine persönliche Färbung des Bewertenden enthalten. Doch könnte man hier unterscheiden zwischen der Kontrollweite und der Korrekturweite des Gerichts[34].

Eine volle Kontrolle bzw. Nachprüfung würde den Richter nicht hindern, Grenzwerte und -bewertungen stehen zu lassen, obwohl noch eine benachbarte zweite Prüfungsnote in der Marge des Vertretbaren liegt. Das hat an sich schon *Ule* mit der Vertretbarkeitslehre dargestellt. Wenn damit ein bloßes Nicht-Können und nicht bereits ein Nicht-Dürfen des Richters[35] gemeint ist, teilt der Verfasser die Ansicht Ules, darf aber folgendes konkretisieren.

Erkennen und bewerten, was vertretbar und was Willkür ist, kann nur ein Gericht, welches mit sachverständiger Hilfe der Tatsachenermittlung und -bewertung voll nachgehen kann, ohne durch die a-priori-Schranke eines Beurteilungsspielraumes gehindert zu sein. Wo dagegen — um einer Einmischung in pädagogisch-wissenschaftliche Bewertungen zu entgehen — ein Sachverständigen-Beweis abgelehnt und nur erwogen wird, ob etwa ein „Mangelhaft" leichtfertig oder triftig motiviert wurde, läßt sich schwerlich versteckte Willkür bei der Bewertung der Zensur aufdecken. Daß es Grenzbewertungen gibt, die noch rechtens sind, sieht der Richter nach aller Erfahrung auch dann, wenn man ihn ohne Schranken nachprüfen und rechtsprechen läßt[36].

---

[33] Vgl. *Bachof* JZ 55, 97 (102); *Jesch* 58, 705.

[34] Vgl. auch die Unterscheidung *Forsthoffs* zwischen Funktionsnorm und Kontrollnorm in: „Über Maßnahmegesetze", Jellinek-Gedächtnisschrift S. 232/3.

[35] Dazu unten III. in diesem Abschnitt.

[36] Man kann nach der Durchsicht der bisher veröffentlichten Rechtsprechung annehmen, daß die Schule und Universität in etwa 97—96 % aller Fälle Recht bekommt. Von den etwa 200 Entscheidungen der Nachkriegsrechtsprechung (vgl. *Rehmert* DÖV 58, 437 [445]) sind dem Verfasser nur 7 bekannt, die zugunsten des Prüflings ausfielen. Es sind dies: LVG

Wenn Schulen und Hochschulen mit Zensuren nicht nur ein bestimmtes Können anzeigen, sondern auch Berechtigungen im Rahmen der Chancengleichheit gewähren und versagen, so müssen sie versuchen, unbestimmte Rechtsbegriffe wie „Gut" oder „Ungenügend" in eindeutigem Sinne zu verwenden. Bestimmte Einzelleistungen unterfallen bestimmten Notenwerten. Der Verfasser sieht ein, daß dies nur ein annäherungsweise erfüllbares Postulat ist, glaubt aber daraus folgern zu dürfen, daß eine Vermutung (im untechnischen Sinn) für die Eindeutigkeit bzw. Bestimmbarkeit bei der Anwendung unbestimmter Rechtsbegriffe spricht und nur ausnahmsweise zwei oder drei Notenwerte für eine Leistung rechtens sind.

Dazu könnte man sagen[37], daß in der Natur der unbestimmten Zensurbegriffe eine gewisse Toleranz oder Streuungsbreite des (noch) Richtigen liegt: Bleiben Prüfer und Lehrer innerhalb dieser Amplitude, könnte sie das Gericht zwar voll kontrollieren — und zwar auch sachverständig und durch einen In-sich-Vergleich mit Leistungen einiger anderer Kandidaten[37] — jedoch nicht korrigieren. Da jedoch die Rechtsprechung des BVerwG mit Bezug auf den Beurteilungsspielraum bereits ersichtlich die Kontrollweite (nicht erst die Korrekturweite) eingeschränkt wissen will, wird zu prüfen sein, inwieweit dies im Lichte des Grundgesetzes angängig ist.

Im übrigen zeigt die Durchsicht der Rechtsprechung (siehe Anhang), daß die Gerichte durchweg Schul- und Prüfungsleistungen nur auf so grobe Verstöße hin nachprüfen, die man mit dem sensus communis erkennen kann; ein sachverständiger In-sich-Vergleich, ein Fall-Vergleich also, innerhalb der gleichen Prüfungsgruppe dahin, ob gleichmäßige Strenge gewaltet hat, wird abgelehnt[38] oder es wurden bislang

---

Hamburg MDR 53, 189 Anhang Fall 11; OVG Hamburg MDR 53, 504 Anhang Fall 14; OVG Berlin OVGE 3, 146 (1955) Anhang Fall 22; OVG Hamburg NJW 56, 1582 Anhang Fall 31; (teilweise, nicht im Ergebnis) VG Frankfurt JZ 62, 504 Anhang Fall 49; VGH Bayern U. v. 19. 6. 64 287 III 62 (nicht veröffentlicht) Anhang Fall 55; BVerwG DVBl 66, 864 (wegen Verfahrensfehler) Anhang Fall 61; ist anzunehmen, daß sich dieses Bild bei voller Nachprüfung für die Schule und Universität *wesentlich* verschlechtert? Das Schulamt München meldet auf 1000 Schüler 2 Aufsichtsbeschwerden und auf 20 Schulen 2 Widersprüche per anno. Interessant ist auch die folgende Bemerkung: „Wissenswert ... daß zum Beispiel das Verwaltungsgericht Frankfurt, das seit 5 Jahren die Rechtsauffassung von der vollen sachlichen Überprüfbarkeit pädagogischer Beurteilungen praktiziert, bisher in keinem Fall der Klage stattgegeben, mithin die Entscheidung des Lehrers immer jedenfalls im Ergebnis bestätigt hat" (*Czermak*, Frankfurter Allgemeine 25. 4. 63).

[37] Vgl. jedoch unten Kap. III dieses Abschnittes.

[38] BVerwGE 8, 272 (273); OVG Münster DVBl 59, 72; ebenso lautet der unveröffentlichte Beschluß des Bayerischen Landespersonalausschusses vom 2. 3. 1967, Aktenzeichen C/2 1457c—165 auf den Widerspruch gegen die Zensur einer öffentlich-rechtlichen Examensklausur:

für Willkür den Gerichten keine konkreten Anhaltspunkte vorgetragen.

Jesch hat diesen Überlegungen das oben erwähnte Kann-nicht-
Argument gegenübergestellt, das nun zu untersuchen ist.

### II. Zum Kann-nicht-Argument von Jesch: Impossibilium nulla est obligatio

An einigen Beispielen voller Gerichtskontrolle hat die Recht-
sprechung versucht, das Kann-nicht-Argument (die Gerichte können
Prüfungen in ihrer Einmaligkeit nicht nachbewerten) durch bündige
Nachbewertung in Frage zu stellen:

So entschied das LVG Hamburg[39] zu einer Nichtaufnahme: Eine Aus-
lese dürfe nur Kinder ausschalten, welche die Entwicklung ihrer Mitschüler hemmten. Eine Hemmung seiner Mitschüler durch den 12jäh-
rigen Jungen stehe nicht einwandfrei fest. Neben der *Aufnahmeprüfung* mußte beachtet werden, daß er 6 Grundschuljahre hindurch mit
„Befriedigend" und teilweise mit „Gut" beurteilt wurde. Lediglich im
dritten Schuljahr tauche einmal im Rechnen eine 4 auf.

Ebenso das OVG Hamburg[40]: von einem Kind, das auf der Grund-
schule „befriedigende" Leistungen aufweise, könne nicht mit an
Sicherheit grenzender Wahrscheinlichkeit gesagt werden, daß es seine
Mitschüler hemmen werde. Ebensowenig dort, wo nur die Grundschul-
beurteilung oder nur die *Aufnahmeprüfung* negativ ausfalle. Das
könne der Senat auch ohne besonderen pädagogischen Sachverstand
beurteilen.

Nochmals das OVG Hamburg[41]: Alle Latein-Arbeiten seien „Nicht-
ausreichend". Der Kläger meine, der Sohn hätte eine Zwischennote
bekommen müssen, weil er im mündlichen Unterricht mindestens
während des letzten Vierteljahres ernst mitgearbeitet und im „vorbereitenden Pensum" Ausreichendes geleistet habe. Sei aber der da-
mals immerhin 18jährige Schüler während der übrigen drei Viertel-
jahre am mündlichen Unterricht weniger ernst beteiligt und bis zu-

---

einerseits:       „Nach der Überzeugung des Landespersonalausschusses recht-
                  fertigt die von den beiden Prüfern für die Bewertung ge-
                  gebene Begründung auch die erteilte Note."
andererseits:   „... Die ‚Richtigkeit' der Prüfungsentscheidung nachzuprüfen
                  ist somit dem Landespersonalausschuß verwehrt."

[39] MDR 53, 189.
[40] DöV 56, 627.
[41] VerwRsp 8, 547 ff. (unveröffentlichter Teil); vgl. auch OVG Berlin, OVGE
3, 146.

letzt auf sein Pensum nicht besser als „ausreichend" vorbereitet gewesen, so könne dieser geringe und späte Erfolg bloßen Hausarbeitsfleißes keine Zwischennote rechtfertigen.

Nun ist zuzugeben, daß diese drei Fälle insofern weniger schwierig lagen, als das Gericht in den ersten beiden Fällen nur die richtige Einschätzung der unstreitigen Noten für die Aufnahme, nicht die Noten selbst nachbewertete und in dem dritten Fall Leistungsstand und Haltung des Schülers während des Jahres offenbar verläßlich rekonstruiert werden konnten.

Das VG Frankfurt[42] versuchte jedoch auch, die Zensur schriftlicher Arbeiten selbst nachzubewerten:

Dem Urteil des Prüfers dieser volkswirtschaftlichen Klausur könne sich die Kammer auch ohne Hinzuziehung weiterer Sachverständiger anschließen. Zutreffend weise dieser darauf hin, daß die Arbeit ohne ein Durchdenken der Probleme aus primitiven Vorstellungen und einer Anhäufung von Gemeinplätzen bestehe. Mit einer solchen zusammenhangslosen Aneinanderreihung oberflächlicher Behauptungen lasse sich eine Befähigung zum Handelslehramt nicht nachweisen.

Im zweiten Fall[43] hatte die Englisch-Lehrerin die Abitur-Arbeit mit Note 6 bewertet. Das Gericht schloß sich den übereinstimmenden Gutachten eines Professors für Anglistik und eines Schulrats des Nachbarlandes an: die Arbeit sei sprachlich mit Note 4, in der Nacherzählung mit Note 5 und in der Gesamtleistung ebenfalls mit Note 5 zu bewerten.

Aber auch diese Fälle liegen nicht übermäßig schwer, weil Volkswirtschaftslehre zur Ausbildung des Richters gehört und beide Englisch-Gutachter das gleiche Urteil abgaben.

Der Verfasser könnte auch nicht das Kann-nicht-Argument von Jesch widerlegen, es erschien ihm nur untersuchenswert, ob man wirklich generell, d. h. ohne Ansehen des Einzelfalles die Gerichte in der Nachprüfung von Zensuren für überfordert halten sollte.

In dieser Richtung deutete *Lerche*[44] an, daß bei der Frage der gerichtlichen Nachprüfungsweite nur eine Erfassung und Typik der einzelnen Sachverhaltsgruppen zum Ziele führen könne und daß es Fakten gäbe, die sich richterlicher Beurteilungskraft weitgehend entzögen.

So wird in der Tat bei den meisten wissenschaftlichen oder künstlerischen Leistungen (etwa Dissertationen, Habilitationen und Berufun-

---

[42] JZ 61, 65 und JZ 62, 504.

[43] JZ 62, 504.

[44] Übermaß und Verfassungsrecht S. 352 und 331.

gen) die richterliche Vergleichbarkeit und Nachbewertungsmöglichkeit versagen müssen. Dagegen könnte man sagen, daß Klausuren, Abiturarbeiten und gewöhnliche Prüfungsleistungen nicht ohne weiteres der fachlich-wissenschaftlichen Nachbewertung und Fallvergleichung durch den Richter und die Gutachter entzogen sind; es käme auf den Fall und die Schlüssigkeit der Klagebehauptung an. Doch diese Ansicht berücksichtigt nicht die Eigentümlichkeiten des Schul- und Prüfungswesens, von denen nun im folgenden Kapitel die Rede sein wird. Dabei wird zu fragen sein, welche Folgerungen für die Intension des Gesetzgebers zur Zuständigkeit im Prüfungswesen zu ziehen sind[45].

---

[45] Zu welcher Rechtsunsicherheit und Störung des Rechtsfriedens im wissenschaftlichen Bereich es führen könnte, wollte man die von einer Fakultät abgelehnten Habilitationsschriften durch Sachverständige des Verwaltungsgerichts in ihrem wissenschaftlichen Gehalt voll nachprüfen lassen, zeigt in wohl einmaliger Weise die nicht veröffentlichte Entscheidung des Österr. VerwGH (Zl. 128/60) vom 19. 9. 1962, der folgendes zu entnehmen ist:

Der Beschwerdeführer wurde auf Grund seiner im Februar 1938 eingereichten Habilitationsschrift „Das mexikanische Gesetz über den Versicherungsvertrag vom 31. August 1935 im Zuge der internationalen Rechtsentwicklung" im Jahre 1938 zum Dozenten für Handelsrecht mit Einschluß des Versicherungsrechtes ernannt. Wegen seiner Zugehörigkeit zur NSDAP zwischen dem 1. Juli 1933 und dem 13. März 1938 wurde dem Beschwerdeführer seine Lehrbefugnis 1945 aberkannt. 1955 richtete er an das Professorenkollegium der rechts- und staatswissenschaftlichen Fakultät der Universität ... das Ansuchen um neuerliche Erteilung seiner Lehrbefugnis für Handelsrecht einschließlich Versicherungsrecht. Sein Antrag wurde abgelehnt.

In den Begründungen der vier angerufenen Instanzen wurde ausgeführt: Die eingereichte Habilitationsschrift habe mexikanisches Versicherungsvertragsrecht zum Gegenstand, das allerdings den Vorschriften anderer Rechtsordnungen über den Versicherungsvertrag, darunter auch der österreichischen und der deutschen Rechtsordnung gegenübergestellt werde. Es frage sich daher, ob eine Arbeit über ein so begrenztes ausländisches Rechtsgebiet geeignet sein könne, die venia docendi an einer österreichischen Hochschule für das gesamte Gebiet des Handelsrechtes zu erwerben. Grundsätzlich wäre dies möglich, sofern die Schrift dartue, daß der Habilitationswerber das gesamte Gebiet des Handelsrechtes wissenschaftlich beherrsche und zu fördern befähigt sei, sowie wissenschaftliche Ergebnisse enthalte, die jenes Gesamtgebiet irgendwie beträfen. Das treffe aber im vorliegenden Fall nicht zu, weil nur Probleme des Versicherungsvertragsrechtes behandelt und sonstige handelsrechtliche Probleme überhaupt nicht gestreift werden, und zwar auch dort nicht, wo es das Thema gestatten würde. So wäre z. B. zu erwarten gewesen, daß die sehr wichtige Frage der Rechtsnatur des Versicherungsvertrages eingehend behandelt werde; statt dessen begnüge sich der Verfasser mit der Feststellung, daß die „neuere Gesetzgebung in kluger Selbstbeschränkung auf eine praktische und wissenschaftliche Fortbildung des Begriffes des Versicherungsvertrages verzichtet habe", was ja nun zweifellos als Faktum hingenommen werden müsse, den wissenschaftlichen Streit um das Vertragsverhältnis aber nicht aus der Welt schaffe.

Es könnte sich also nur mehr um die Frage handeln, ob die Habilitationsschrift allenfalls zur Erwerbung der venia docendi für Versicherungsvertragsrecht ausreiche. Wenn man die Arbeit genau durchlese, falle zweifel-

### III. Die Intension des Gesetzgebers
### zur Zuständigkeit im Prüfungswesen

#### 1. Fragestellung und bisheriger Meinungsstand

Unabhängig zunächst von dem Problem des Nichtkönnens stellt sich
die Frage, ob der Gesetzgeber durch die Normierung konkretisierungs-
bedürftiger Wertungsbegriffe im Prüfungswesen die individuellen
Prüfer, die Lehrerkonferenzen und Prüfungsorgane *ermächtigen* wollte,
die konkretisierende Beurteilung *höchstpersönlich und letztverbindlich*
abzugeben.

---

los der bedeutende Fleiß auf, mit dem der Habilitationswerber Material
gesammelt habe, um die Bestimmungen des mexikanischen Gesetzes den
entsprechenden Bestimmungen anderer Rechtsordnungen gegenüberzustellen.
Die Darstellung der mexikanischen Rechtslage sei auch systematisch gut
aufgebaut. Sie zeige damit, daß der Verfasser das Versicherungsvertragsrecht
von 1938 fachlich beherrscht habe, und es sei wohl anzunehmen, daß er es
auch heute noch beherrsche und zu fördern befähigt sei. Sobald man aber
nach wissenschaftlich wichtigen Ergebnissen suche, die im maßgebenden
Zeitpunkt (1938) als neu angesehen werden könnten, werde man gleich durch
die eigenen Anmerkungen des Verfassers belehrt, daß er die wesentlich
wertvollen Gedanken seiner Arbeit von anderen Autoren übernommen habe.
Im allgemeinen beschränke sich der Autor darauf, nur die leitenden Grundsätze und Entwicklungsbestrebungen des Versicherungsrechtes einer rechts-
vergleichenden Betrachtung zu unterziehen, und nehme bewußt davon
Abstand, die zahlreichen wissenschaftlich besonders interessanten Einzel-
probleme zu erörtern. Eine Arbeit dieses Ausmaßes und dieser Blickrichtung
trage naturgemäß die Gefahr in sich, an der Oberfläche des Stoffkreises
haften zu bleiben, dies um so mehr, als es sich bei dem privaten Versicherungsrecht um ein mit vielen technischen Vorschriften durchsetztes Rechtsgebiet handle und auf Seite des Autors die verständliche Neigung bestehe,
Gesetzestexte zu vergleichen, statt wahre Rechtsvergleichung zu betreiben.
Über die Beschränkung des wissenschaftlichen Zieles könne auch die
Tatsache nicht hinwegtäuschen, daß der Verfasser eine Unmenge von
Material mit ersichtlichem Fleiß zusammengetragen und vorzüglich in den
Anmerkungen verwertet habe; freilich gewinne man gerade hier den Ein-
druck, es sei dem Verfasser zuweilen weniger auf die Untermauerung seiner
Thesen, als auf den Nachweis kompilatorischer Leistungen angekommen.

Das Professorenkollegium habe aus der Art der Behandlung des Themas
der Habilitationsschrift angenommen, daß der Habilitationswerber das Versicherungsvertragsrecht wissenschaftlich beherrsche und zu fördern befähigt
sei; der angefochtene Bescheid stelle aber auch fest, daß die erste der im § 4
Abs. 2 Z. 6 der Habilitationsnorm geforderten Bedingungen, nämlich, daß die
Habilitationsschrift wissenschaftlich wichtige Ergebnisse enthalte, nicht
erfüllt sei. Dies sei nicht denkunmöglich. Der Verfasser einer wissenschaftlichen Arbeit könne durchaus die bereits vorliegenden wissenschaftlichen
Ergebnisse beherrschen und durch Gegenüberstellung und Erklärung zur
Förderung des Faches beitragen, ohne selbst zu wissenschaftlich wichtigen
und neuen Ergebnissen zu gelangen.

Ergänzend sei zu bemerken, daß eine wissenschaftliche Arbeit, wenn sie
von zwei verschiedenen Professorenkollegien geprüft werde, in der Regel
wohl das gleiche Urteil bringen werde. Es seien aber Ausnahmen von dieser
Regel denkbar, so stehe es dem Professorenkollegium frei, ohne den durch
das Gesetz vorgeschriebenen Rahmen zu verletzen, unter bestimmten Umständen einen milderen oder strengeren Maßstab zu verwenden.

Die herrschende Meinung bejaht dies[46]:

1. Die Verwendung eines auf sehr subjektive Wertvorstellungen gegründeten Begriffes lasse darauf schließen[47];

2. ferner die Tatsache, daß der Gesetzgeber mehrere objektiv mögliche Wertungen als gleichberechtigt ansehe[48];

3. andernfalls bemächtige sich der Richter der Examenskompetenz[49];

4. schließlich: Sinn und Zweck der Norm ergebe dies[50].

Zu den Folgen wird dargelegt:

1. Der Rechtsschutz werde dabei nur abgegrenzt, nicht verweigert[51];

2. subjektive Auffassungsunterschiede würden weitgehend dadurch neutralisiert, daß meist nicht ein Prüfer allein entscheidet[52];

3. die Fachaufsichtsbehörde gleiche von Haus aus die auf fachlicher oder menschlicher Unzulänglichkeit beruhenden Fehler in etwa aus[53].

Demgegenüber möchte *Rupp*[54] ohne Unterscheidung nach der Sachverhaltstypik jegliche primär verantwortliche Zuständigkeit der Verwaltung verneinen. Sein Argument ist das Fehlen eines zutreffenden Argumentes der Gegenseite auf seine Frage, inwieweit aus der Sachkennerschaft die Letztkompetenz folge. Solches anzunehmen sei ein methodischer Fehler[55], denn die richterliche Erkenntnis sei auch sonst nicht irrtumsfrei[55].

In der Tat: Höbe sich das Prüfungswesen in seiner Sachverhaltstypik von anderen Verwaltungsmaterien nicht entscheidend ab, so wäre der methodische Aspekt Rupps wegen seiner logischen Stringenz vorzuziehen.

Nun fragt es sich aber gerade, ob nicht die Eigenart des Prüfungswesens die Auffassung nahelegt, daß der Gesetzgeber willkürfreie

---

[46] Bachof JZ 55, 99; Jesch AöR 82, 245 ff.; *Bettermann*, Die Grundrechte Bd. III/2 798; *Menger* ebd. 752; Kellner DÖV 62, 572; NJW 66, 859; BVerwGE 5, 162; 15, 41; OVG Berlin, Studium und Praxis 1957, 26; OVG Münster DVBl 59, 72; OVG Lüneburg DVBl 58, 105; LVG Düsseldorf DÖV 56, 635; a. A. Rupp, Grundfragen 213 ff.; ferner Czermak NJW 61, 1906, 67, 1842 und JuS 68, 399.

[47] Bachof a.a.O.; Jesch a.a.O.

[48] Menger a.a.O.; OVG Münster a.a.O.

[49] Kellner a.a.O.

[50] Bettermann a.a.O.

[51] BVerwGE 15, 41.

[52] OVG Berlin a.a.O.

[53] OVG Münster RWS 64, 277.

[54] Grundfragen 213 ff.

[55] 216/217.

Prüfungsbewertungen für injustiziabel ansieht. Dazu bedarf es eines
Eingehens auf die Frage, ob und inwieweit die Funktionsfähigkeit
unseres Schul- und Prüfungswesens durch eine gerichtliche Nachbewertung gefährdet wäre.

## 2. Zur Funktionsfähigkeit von Schule und Hochschule

Zu der dem Schul- und Prüfungswesen eigentümlichen Natur zählen
vor allem die folgenden Besonderheiten:

1. *Unwiederholbarkeit* zahlreicher Prüfungsleistungen[56];

2. *Unersetzbarkeit* bestimmter Prüfer-Erfahrungen[56];

3. *Unterschiedlichkeit* der Auffassungen bei Bewertungen[56];

4. *Angemessene Sphäre der Entscheidungsfreiheit* für das Amt der
   Lehrer, Prüfungsorgane und Hochschulprüfer zur Erhaltung der
   Rechtssicherheit ihrer Bewertungsentscheide und des Rechtsfrie-
   dens;

schließlich:

5. *Überzeugung der Allgemeinheit*, auf die Verläßlichkeit und Be-
   ständigkeit der Zeugnisse und Diplome vertrauen zu können.

Auf der Anerkennung dieser Wesenseigentümlichkeiten beruht die
Funktionsfähigkeit von Schule und Hochschule. Diese Funktionsfähig-
keit wäre auf einem wesentlichen Teilgebiet dahin, wenn nur ein
Bruchteil der versagenden oder schlecht abschneidenden Schüler und
Prüflinge die Schulen, Prüfungsbehörden und Universitäten mit An-
fechtungs- und Verpflichtungsklagen bezüglich der Bewertung ihrer
Leistungen überziehen könnten. Denn die Folge wäre nicht nur eine
Mißachtung der eben erwähnten Eigentümlichkeiten, sondern zugleich:

1. eine zusätzliche starke Arbeitsbelastung der Hochschulprüfer und
   Bildungsgremien durch eine Vielzahl von Prüfungsprozessen;

2. die Befassung der Richter mit zahlreichen fremden Prüfungsgebie-
   ten sowie

3. die Unterschiedlichkeit der Auffassungen der gerichtlichen Sachverständigen.

Endlich sollte auch die Bedeutung von Schule und Hochschule als
Integrationsfaktor nicht unterschätzt werden: Schulabschlüsse und
Prüfungen finden das Interesse aller Bildungs- und Ausbildungs-
willigen[57]. Hier eine gerichtliche Superprüfung — eine verwaltungs-

---

[56] Es zeigt sich hier, daß die Frage nach der Intension des Gesetzgebers
auch eine Verbindungslinie zum Kann-nicht-Argument aufweist.

[57] In diesem Zusammenhang ist das Faktum nicht uninteressant, daß
innerhalb der aktuellen Hochschulkritik die Praxis des Prüfens und Be-

gerichtliche Nachbewertung der Zensuren über die Willkürkontrolle
hinaus — zu praktizieren, hieße schon angesichts der Verschiedenheit
der Bewertung durch Sachverständige Unfriede bei allen Beteiligten
stiften — zum Schaden von Schule und Universität.

### 3. Folgerung: Willkürfreie Prüfungsbewertungen sind injustiziabel

Bedenkt man dies und die von *Kellner*[58] schon erwähnten Anforderungen an Auswahl und Zusammensetzung der Prüfungsgremien mit
Wissenschaftlern, Praktikern und Pädagogen, die in der Regel auf
lange Erfahrung zurückblicken, dann läßt sich die Ausgangsfrage wie
folgt beantworten:

*Nicht die bloße Unbestimmtheit der Bewertungsbegriffe, sondern
das Insgesamt der dem Schul- und Prüfungswesen eigentümlichen
Sachverhaltstypik führt zu der Annahme eines vom Gesetzgeber inten-
dierten Beurteilungsspielraumes.*

Der Gesetzgeber überläßt die Frage der zutreffenden Bewertung
primär der Eigenverantwortung der individuellen und fachkundigen
Prüfer und Lehrer und dient damit der Erhaltung eines funktionsfähigen Schul- und Prüfungswesens[59].

*Willkürfreie Prüfungsbewertungen sind folglich injustiziabel*[60]. Justiziabel bleiben neben der Willkürkontrolle: Tatsachenfehler, Nichteinhaltung der Prüfungsordnung oder der allgemeinen Bewertungsgrundsätze sowie sachfremde Erwägungen (die in der Regel Fälle der Willkür sind).

Dem Gesetzgeber geht es um den Schutz der Prüfungsmaterie, Rupp
um die methodische Stringenz bei der verwaltungsgerichtlichen Kontrolle. Diese Anliegen lassen sich nicht in Einklang bringen, weil nach
dem soeben Gesagten das Schul- und Prüfungswesen eine die gerichtliche Nachprüfungsweite einengende Ausnahmestellung beanspruchen
kann und muß.

---

wertens relativ gut abschneidet und in dem Katalog der Reformwünsche
einen untergeordneten Platz einnimmt. Auch daraus läßt sich folgern, daß
man dem Gedanken an eine vom Gesetzgeber intendierte höchstpersönliche
und eigenverantwortliche Prüfungszuständigkeit allgemeines Vertrauen ent-
gegenbringt.

[58] NJW 66, 859.

[59] Vgl. VHG Stgt. U. v. 17. 4. 58 Grundwerk Schulrecht, herausgegeben
von *Seipp/Knudsen*, Wiesb. (Loseblatt-Sammlung Baden-Württ.) I F I S. 233;
ferner S. 9 dieses Werkes und Heckel/Seipp, Schulrechtskunde S. 1957.

[60] Ob das auch für die Beurteilungen von Beamteneignungen gilt (so
BVerwGE 15, 41), bedürfte einer gesonderten Untersuchung.

## IV. Willkür und Beurteilungsspielraum

Im vorigen Kapitel war schon darauf hingewiesen worden, daß Willkür bei Prüfungsbewertungen von den Gerichten nachzuprüfen ist[61]. Hiermit im Zusammenhang stehen drei Fragenkomplexe:

1. Muß das Vorliegen von Willkür schon *vor* der Beweisaufnahme offenkundig sein?
2. Kann auch *ungewollte* Unterbewertung Willkür sein?
3. Zum Gleichheitsgebot bei Prüfungsbewertungen

### 1. Offenkundige und versteckte Willkür

Hier geht es um folgendes: Letzten Endes muß Willkür für das Gericht *offenkundig*[62] sein oder sie liegt überhaupt nicht vor. *Versteckte Willkür* kann es letztlich nicht geben. Aber damit ist nicht gesagt, daß die Offenkundigkeit schon *vor* der Beweisaufnahme evident sein muß; sie kann sich auch ex post ergeben[63], etwa bei vorgeschobenen Gründen[64], hinter denen sich Animosität oder Schikane verbirgt.

Andererseits: Das Gericht soll nur prüfen, ob wesentlich gleiche Prüfungsleistungen nicht *willkürlich ungleich*, wesentlich ungleiche Leistungen nicht *willkürlich gleich* bewertet wurden, also nicht, ob ein Prüfer die jeweils gerechteste Bewertung gefunden hat, sondern nur, ob er in den Grenzen seines Beurteilungsspielraumes urteilte. Dabei ist Rücksicht zu nehmen auf die *persönliche Färbung* jeder Prüfungsentscheidung[65]; es genügt, daß eine Zensur unter *einem* hinlänglich sachgemäßen Bewertungsgesichtspunkt gerechtfertigt erscheint. Eine volle Uniformität im Bewerten zu fordern, vertrüge sich nicht mit dem Charakter von Prüfungen[66].

Dabei liegt der kritische Punkt in dem Dreieck Prüfungswesen — Beurteilungsspielraum — Willkürverbot nicht in der theoretischen Abgrenzung zwischen dem Ende des Beurteilungsspielraumes und dem

---

[61] Vgl. BVerwGE 8, 272 (sachfremde Erwägungen); OVG Münster DVBl 59, 72.

[62] Vgl. BVerfGE 10, 249.

[63] Vgl. etwa BVerwGE 12, 359.

[64] Vgl. BVerfGE 4, 60.

[65] Im Hinblick auf das Berechtigungswesen mit seinen auf Zeugnisse und Diplome abstellenden Aufstiegschancen mag man das bedauern; ändern läßt es sich nicht.

[66] So liegt z. B. keine Willkür, sondern Handeln innerhalb des Beurteilungsspielraumes vor, wenn die Prüfer die Merkmale als Vergleichspaar frei wählen, an denen sie Gleichheit oder Verschiedenheit ihrer Bewertungen orientieren wollen.

Anfang von Willkür[67], sondern in der *praktischen* Abgrenzung durch das Gericht: Im Vorfeld der Entscheidung muß etwa über Bejahung oder Ablehnung eines Sachverständigen-Beweisantrages entschieden werden.

Da die Fälle offenkundiger Willkür ohnehin bereits im Kontrollsieb des Widerspruchsverfahrens hängenbleiben[68], stellt sich die Frage, was zusätzlich zur reinen Behauptung, es läge Willkür vor, dargelegt werden muß, um eine Nachbewertung durch einen gerichtlichen Sachverständigen zu rechtfertigen:

Mit Sicherheit zu vage bleibt die Andeutung, andere gleichwertige Prüfungsleistungen seien milder bewertet worden. Ebenfalls zu vage ist, wenn behauptet wird, das gleiche *Ergebnis* einer Mathematik-Prüfung sei bei einem anderen Prüfling besser zensiert worden.

Konkretisiert ist die Rechtsverletztenbehauptung auch nicht durch den bloßen Beweisantrag, bestimmte Mitschüler oder Lehrerkollegen als Zeugen für die Antipathie des Bewertenden gegenüber dem Prüfling zu vernehmen.

Behauptet jedoch der Kläger A, Abiturient B habe bei *gleichem Lösungsweg und gleichem Ergebnis* eine bessere Note erhalten und bietet er zum Beweis Akteneinsicht und Gutachteneinholung an, so ist jedenfalls die *Möglichkeit*, daß eine objektive, d. h. tatsächlich und eindeutig unangemessene, mithin[69]: willkürliche Unterbewertung vorliegt, *konkretisiert* worden. Ob dieser Anhalt für mögliche Willkür konkret genug ist, um die Einschaltung eines Sachverständigen zu rechtfertigen, wird im nächsten Kapitel zum Thema: Ablehnung von Beweisanträgen gehören. Hier ist nur festzuhalten: Es muß für das Gericht *offenkundig* sein, daß Willkür vorliegt; wodurch das geschieht — unmittelbar durch die Allgemeinkunde des Gerichts oder erst durch das Gutachten eines Sachverständigen — ist eine Frage der freien Beweiswürdigung durch das Gericht (§ 108 I VwGO)[70].

### 2. Bewußte und unbewußte Willkür

In diesem Zusammenhang taucht noch ein weiteres Problem auf. Man könnte sagen: Willkür begeht ein Prüfer nur, wenn er *bewußt* unterbewertet, um einen Prüfling zu benachteiligen, nicht aber, wenn

---

[67] Dazu sogleich unten in Noten 72 bis 76 die Rechtsprechung zum Willkür-Begriff.

[68] Jedenfalls in aller Regel. Eine Ausnahme ist das Urteil BVerwGE 12, 359, das feststellt, daß die Bewertung nachträglich durch die Beeinflussung des Vorgesetzten herabgesetzt wurde.

[69] Vgl. BVerfGE 4, 155.

[70] Dazu unten Kap. V dieses Abschnittes.

er bemüht war, eine sorgfältig ausgewogene, der Leistung gerecht werdende, möglichst objektive Beurteilung zu finden[71], und zwar ganz gleich, ob er in jedem Fall die gerechte (irrtumsfreie) Entscheidung trifft[72].

Das führt zu der Frage, ob es begrifflich auch unbewußte, ungewollte Willkür gibt.

Willkür ist nach der gefestigten Rechtsprechung des BVerfG

— eine objektive, d. h. tatsächlich und eindeutig unangemessene Entscheidung[73],

— die offensichtlich unsachgemäß[74], sachfremd[75] ist,

— die ohne zureichende, vernünftige Gründe erging[76],

— die einer inneren Rechtfertigung entbehrt[77],

— deren Gründe nur vorgeschoben sind[78]; schließlich:

— die zu einer offensichtlichen Benachteiligung führt[79].

Mit einer Ausnahme schließt keine von diesen Formulierungen eine ungewollte, irrtümlich geschehene Fehlbewertung für das Vorliegen von Willkür aus. Im Gegenteil: Soll es auf *objektive* Unangemessenheit ankommen, dann interessiert der *subjektive gute Wille* gerade nicht, sondern nur die *objektive Wirkung* der Entscheidung. Das Gegenteil, d. h. das Abstellen allein auf das Bemühen der Prüfungsbehörden könnte zu unbilligen Ergebnissen führen. Willkür ist folglich auch jener ungewollte Bewertungsirrtum, den jeder verständige Prüfer unterlassen hätte. Wie man überhaupt als Regel wird sagen können: Es muß evident sein, daß nicht nur *ein*, sondern *jeder* verständige Prüfer zu einem anderen Ergebnis gekommen wäre. Es liegt auf der Hand, daß diese Fälle äußerst selten sind.

### 3. Zum Gleichheitsgebot bei Prüfungsbewertungen

Wenngleich das BVerwG das Gebot der Chancengleichheit aller Prüflinge betont[80], so ist es bisher konkret nur dem Gleichmaß im

---

[71] Wozu ja die anonymen Prüfungsarbeiten dienen.

[72] „Das Vorliegen von Willkür ist aber ausgeschlossen, wenn die Behörde bemüht war, das Richtige zu finden, wobei es gleichgültig ist, ob sie das Richtige auch getroffen hat" (Österr. VerfGH N. F. Bd. 24 Nr. 3615).

[73] BVerfGE 4, 155.

[74] E 10, 249.

[75] E 18, 96.

[76] E 10, 246.

[77] E 3, 24.

[78] E 4, 60.

[79] E 1, 321.

[80] Sammlung *Buchholz* 421.0 Nr. 14, 15, 17, 19 und 23.

Prozedere, dagegen nicht dem Gleichmaß im Bewerten nachgegangen.
Das Gleichheits*gebot* bzw. das Willkür*verbot* im Prüfungswesen heißt
aber auch: gleiche Zensur für eine gleichartige Leistung. Wird eine
willkürliche ungleiche Benotung schlüssig behauptet, so könnte der
Rechtsschutz zur Farce werden, wenn der Richter nicht eine gewisse
Nachbewertung vornimmt oder vornehmen läßt.

Einen Notenvergleich — für die Schulaufsichtsbehörden selbstverständlich — lehnt das BVerwG als Eingriff in die pädagogisch-wissenschaftliche Bewertung ab: eine Note zu erteilen sei für den Richter
schwierig oder unmöglich. Der Durchschnitt müsse ermittelt werden,
ehe man über- oder unterdurchschnittliche Noten geben könne[81]. Um
es zu wiederholen: das kann nicht gelten, wenn substantiiert behauptet
wird, es läge Willkür vor[82].

In diesem Zusammenhang ein Einwand gegen die vom BVerwG
gebrauchte Formel: „Nichteingriff in die eigentliche *pädagogisch-
wissenschaftliche Bewertung*". Eine *pädagogische* Bewertung wäre eine
Zensur, die — nicht unbedingt im Hinblick auf die bloße Leistung —
vom Standpunkt der Erziehung gegenwärtig gerade förderlich erscheint (also bei gleichen Leistungen den Faulen straft, den Fleißigen
belohnt). Die Auffassung der Pädagogen[83] geht aber gerade dahin, daß
die Beurteilung einer Biologiearbeit etwa nichts anderes als eine
schlichte Leistungsbeurteilung ist (oder sein sollte), ohne eine Wertung
der Schülerpersönlichkeit. Das besagt, daß schriftliche Arbeiten von
*pädagogischen* Motiven — es handelt sich oft um bewußte und gut-
gemeinte Erziehungsziele, die man unerlaubt in die Leistungsnote
einfließen läßt — völlig frei sein müssen. Das ist sicherlich auch der
Standpunkt des Bundesverwaltungsgerichtes.

Die Gerichte sollten aber dann nicht von *pädagogisch*-wissenschaft-
licher Bewertung sprechen. Sie sollten stärker in Betracht ziehen, daß
die Pädagogen zwischen einem Urteil über eine Leistung und einem
Urteil über eine erzieherische Maßnahme klar trennen[84]. Was ein
Schüler leistet, ist keine Erziehungsfrage, sondern die nach dem
Klassendurchschnitt, dem Lehrplan und der Notenskala meßbare Be-
wertung; was dagegen mit ihm geschehen soll, steht in Grenzfällen im
Ermessen der Lehrer („Kann-Ausgleich bei Versetzung und Abitur"),

---

[81] BVerwGE 8, 272 (273); OVG Münster DVBl 59, 72.

[82] Das klingt selbstverständlich und ist es auch: es fällt dem Verfasser
nur auf, daß nach Durchsicht der Rechtsprechung entweder Willkür fast
nie vorgekommen ist oder die Gerichte immer zuwenig konkrete Anhaltspunkte für Willkür hatten, die Veranlassung gegeben hätten, einen Gutachter
mit der Nachbewertung zu beauftragen.

[83] Vgl. z. B. H. *Dietz*, Recht und Wirtschaft der Schule, 1961, 34 (84).

[84] Vgl. Dietrich *Vogt*, Recht und Wirtschaft der Schule, 1961 129 (131).

wodurch psychologisch vermieden wird, daß sich erzieherische Notwendigkeiten in „verwässerten" Leistungsnoten verstecken müssen. So fügt sich das pädagogische Urteil in das Gleichheitsdenken des materiellen Rechtsstaates ein.

Es ist auch nicht gleichgültig, ob sich Willkür hinter der Leistungsnote oder erst hinter dem pädagogischen Ermessen der Konferenz zu verstecken versucht. Denn in den Konferenzaussprachen herrscht Begründungszwang und die Faustregel: in dubio pro reo, die manche Ungleichbewertung verhindern kann.

Die Gerichte sollten außerdem schärfer trennen, ob eine Jahresnote bzw. eine mündliche Einzelnote angefochten wird, bei denen eine Fehlbewertung kaum zu beweisen wäre, oder ob die Note aus einer schriftlichen und damit belegbaren Einzelleistung als willkürlich angegriffen wird. Hier könnte je nach Fallgestaltung ein schlichter Fallvergleich weiterhelfen[85].

Diese Methode, überhaupt der Gleichheitsmaßstab, wird jedoch versagen, wenn ungewiß ist, ob nicht die besser zensierten Leistungen rechtswidrig besser zensiert wurden: Das VG Freiburg[86] hatte unterstellt, daß der Lehrer rechtswidrig die anderen Schüler nur über „ihr" Thema geprüft hatte, dem Kläger jedoch diese Hilfe nicht zuteil werden ließ. Der Gleichheitssatz sei jedoch nicht verletzt, da kein Prüfling verlangen könne, daß ihm eine rechtswidrige Vergünstigung in gleicher Weise zuteil werde. Der Verfasser darf hinzufügen: Eine leistungsgerechte Note wird nicht Willkür, wenn Leistungen anderer Schüler überbewertet werden[87]. Hier läge die Lösung in der aufsichtsbehördlichen Ungültigkeitserklärung der fehlerhaften anderen Zensuren.

Ferner muß gegen den vom Verfasser empfohlenen Fallvergleich eingeräumt werden, daß jeder Vergleich selber eine Wertung enthält, so daß ein rechnerisch-mathematischer Vergleich nur bei denselben Fehlern möglich ist; bei verschiedenartigen Fehlern müssen schon wieder die Gewichte der Fehler gewogen werden. Auch enthält bereits die Tatbestandsfeststellung des Zensors die Wertung, ob ein Fehler grob, mittel oder leicht ist.

Im Prinzip gilt aber: Ist die Leistung rekapitulierbar, dann ist auch die Nachprüfung, ob die Bewertung frei von Willkür ist, möglich. Der

---

[85] Ebenso *Schweiger:* Der „gebildete Durchschnittsmensch" und der unbestimmte Rechtsbegriff DVBl 68, 481 (484 Note 33).

[86] U. v. 16. 9. 66 VS/II 279/65 unveröffentlicht.

[87] Vgl. dazu unten Note 103; ferner: OVG Hamburg, U. v. 12. 3. 56 (Grundwerk Schulrecht Loseblatt-Sammlung Bd.-Württ. I F I S. 59): Es könne niemand beanspruchen, ebenfalls rechtlich falsch behandelt zu werden.

gedankliche Prozeß zur richtigen Zensur ist eine Fragebewertung —
ein Hin und Herwandern des Blickes (*Engisch*[88]) — zwischen der
Notenskala und der Prüfungsleistung. Die im ersten Durchlesen er-
kennbaren Umrisse der Leistung lenken den Blick auf zwei, drei
mögliche Noten der Skala. Von dort wandert der Blick zurück auf die
Arbeit und zuletzt wieder zur treffenden Zensur. Befragt werden also
die geleistete Arbeit nach ihrem Gehalt (gut, mittel oder schlecht) und
die in die engere Wahl genommenen Notenwerte nach ihrem Bedeu-
tungsinhalt — Interpretation —. Die schließliche Subsumtion ist entweder nur der Schlußpunkt eines immer feiner differenzierenden
Ausscheidungsprozesses oder sie ergibt sich aus der Intuition des
Bewertenden, namentlich nach langjährigen Erfahrungen[89].

Zum Gleichheitsgebot sei abschließend noch bemerkt: Auch eine
gleichmäßig verschärfte Notenpolitik an einer Schule könne das Recht
auf gleiche Prüfungschancen beim Bildungsaufstieg verletzen[90].

### V. Beweiserhebung und materielle
### Beweislast bei Prüfungsbewertungen

Im vorigen Kapitel wurde schon die Frage berührt, welche Anforderungen das Gericht an den Sachverständigen-Beweisantrag stellen
wird, der zum Thema hat, die Bewertung fuße auf Willkür. Damit in
Verbindung stehen zwei Fragen: 1. Wann wäre die Ablehnung eines
Beweisantrages eine unzulässige vorwegnehmende Beweiswürdigung?
2. Falls dem Beweisantrag stattgegeben wurde, das Gericht jedoch zu
einem non-liquet kommt: Wer trägt die materielle Beweislast bei Unaufklärbarkeit darüber, ob bei der Bewertung einer Prüfungsleistung
Willkür waltete?

#### 1. Die Ablehnung von Beweisanträgen

*Tietgen* hat[91] ausgeführt: Häufig werde in der Weise gegen den
Grundsatz der freien Beweiswürdigung verstoßen, daß die Beweiswürdigung vorweggenommen wird, nämlich vor der Beweiserhebung
angestellt wird; wegen Unwertes dürfe ein Beweis nur unerhoben

---

[88] Logische Studien 15.

[89] Vgl. dazu *Schneider* MDR 1963, 181 Ziff. 3 und H. J. *Wolff* VerwR I
7. A. 140 § 28 III.

[90] Das Schulamt München hält dies z. B. dann für möglich, wenn die Note
„Ausreichend" für das Gesamt aller Bewertungen einer Prüfungsarbeit
unterschritten wird.

[91] In: Verhandlungen des 46. Deutschen Juristentages: Beweislast und
Beweisführung im Zivil- und Verwaltungsprozeß, München 1966 S. 84 unter
Berufung auf BVerwGE 2, 329; BGH NJW 51, 481; BVerwG DVBl 65, 88.

bleiben, wenn es nach Lage der Sache ausgeschlossen erscheint, daß die Beweisaufnahme Sachdienliches ergeben könne.

Einerseits sind die Verwaltungsgerichte zur eigenen aktiven und umfassenden Sachaufklärung uneingeschränkt verpflichtet[92]. Sie müssen daher sorgfältig prüfen, ob es sachgerecht ist, einen Sachverständigen-Beweisantrag abzulehnen[93]. Andererseits sollten die Gerichte — im Interesse der Funktionsfähigkeit von Schule und Universität — ihre *beschränkte* Nachprüfungsweite bei Prüfungsleistungen nicht dadurch wieder ausweiten, daß sie bei Willkürbehauptungen den Sachverständigen-Beweisanträgen allzusehr Raum gewähren. Hier ist sorgsam abzuwägen. Folgendes Beispiel möge die Fragestellung vertiefen:

Der Kläger A trägt vor, der Prüfer hätte in den früheren Fällen B und C bei gleichem Lösungsweg und gleichem Ergebnis besser zensiert; seine jetzigen Bewertungsbegründungen seien vorgeschoben, in Wahrheit habe Mißgunst, mithin Willkür die Entscheidung beeinflußt. Beweisanträge: 1. Mitschüler D möge als Zeuge über abfällige Bemerkungen des Prüfers zum Kläger vernommen werden. 2. Ein Sachverständiger möge einen Fallvergleich zwischen den drei Prüfungsleistungen vornehmen.

Die beklagte Schulaufsichtsbehörde trägt vor:

1. Variante: Zwar sei der Prüfer von den bisherigen Bewertungsgesichtspunkten abgewichen, jedoch nicht aus Willkür, sondern weil er die frühere Praxis als verfehlt angesehen habe. Seither habe er stets nach den neuen Gesichtspunkten bewertet.

2. Variante: Die zum Vergleich angeführten Prüfungsleistungen ergäben nach Überprüfung durch die Beklagte eindeutig Vorzüge gegenüber der Leistung des Klägers (wird ausgeführt). Die Spannungen zwischen Prüfer und Prüfling hätten die Bewertung nicht beeinflußt.

Das Gericht lehnt in beiden Fällen die Beweisanträge ab, weil ein konkreter Anhalt für Willkür nicht ersichtlich sei.

Liegt nun hierin eine unzulässige Beweisantizipation? Welche Gründe stützen die Ablehnung? Wurden die Anforderungen an den Beweisantragsteller überspannt?

Bei der Abwägung dieser Fragen ist folgendes zu bedenken:

1. Ein Gutachten wird in der Regel nur einzuholen sein, wenn sich *auf den ersten Blick* grobe Mängel oder unlösbare Widersprüche ergeben[94].

---

[92] BVerwGE 7, 180; *Bettermann*, Beweislast und Beweisführung im Zivil- und Verwaltungsprozeß, München 1966 S. 48.
[93] BVerwGE 12, 269; vgl. § 86 Abs. 2/VwGO.

2. Dem Gericht liegt bereits die sachkundige Nachbewertung der Fachaufsichtsbehörde vor. Diese ist zumindest ein qualifiziertes Parteivorbringen[95]. Da die Fachbehörden gerade für die objektive Handhabung der Prüfungen besondere Sachkunde mitbringen, können sich aus der Abgewogenheit und Logik ihrer Stellungnahmen wertvolle Anhaltspunkte für das Gericht ergeben[96]. Deshalb können hier an die Geeignetheit von Sachverständigen-Beweisanträgen besonders strenge Maßstäbe angelegt werden.

3. Rechtfertigt die von dem Prüfer gegebene Begründung die erteilte Note und liefert der Kläger keine konkreten Anhaltspunkte dafür, daß gerade diese Begründung fehlerhaft ist, so ist die Bewertung frei von offensichtlicher Willkür.

4. Tatsachen, die das Gericht im Wege freier Überzeugungsbildung feststellen kann, sind nicht beweisbedürftig[97]. Mitunter wird dabei nach dem Grundsatz der freien Beweiswürdigung (§ 108 I VwGO) die *Allgemeinkunde* dem Gericht zur Entscheidung verhelfen, etwa wenn das OVG Münster schon beim Durchlesen der Prüfungsarbeit feststellt: Beide Englisch-Arbeiten würden so viele Fehler aufweisen, daß sich eine willkürliche Unterbewertung nicht beweisen lasse[98]. Wird diese Überzeugung nicht durch greifbare Anhaltspunkte für eine ernsthaft mögliche Willkür erschüttert, so ist die Klage abzuweisen. Die eigene Sachkunde des Gerichts reicht auch dann aus, wenn nur *einer* der Richter über besondere Sachkunde verfügt[99].

5. Die Vorwegermittlung, ob die Beweiserhebung Sachdienliches ergibt, läßt sich vielfach aus der Beteiligtenvernehmung (§ 96 VwGO) feststellen, wobei freilich das Gericht sein eigenes Sachverständnis nicht überschätzen darf[100].

6. Ergeben sich danach Anhaltspunkte für eine diskutable und ernsthafte Möglichkeit willkürlicher Bewertung — ergibt sich etwa, daß der Prüfer als Gegner der Kunstrichtung, in der der Prüfling sich

---

[94] Vgl. *Walter/Küper* NJW 68, 183: Die Einholung medizinischer Gutachten und Obergutachten im Zivilprozeß.

[95] Noch weitgehender: *Fliegauf* (Bedienstete von Fachbehörden als Sachverständige im Verwaltungsprozeß. DVBl 62, 254), wonach etwa gutachtliche amtliche Auskünfte als selbständige Beweismittel zugelassen sein sollten.

[96] Nach Auffassung des Schweizerischen Bundesgerichtes (BEG 78 I 469) wirkt die Behördenansicht wie ein Gutachten, das „nicht ohne Not" geopfert werden sollte.

[97] *Teplitzky*, Der Beweisantrag im Zivilprozeß und seine Behandlung durch die Gerichte, JuS 68, 71 (75).

[98] Unveröffentlichter Teil der Entsch. DVBl 59, 72.

[99] L. *Schmitt*, Die Ablehnung von Beweisanträgen im Verwaltungsprozeß DVBl 64, 465.

[100] BVerwG DVBl 58, 654.

betätigt hat, allgemein bekannt und seine Bewertungsbegründung in sich widerspruchsvoll ist[101] —, so erscheint der Beweisantrag, einen Sachverständigen zu befragen, sachdienlich.

7. Dem Gericht muß sich nach dem vorgebrachten Prozeßstoff die Notwendigkeit weiterer Ermittlungen oder Erhebungen *aufdrängen*[102].

Unter Beachtung dieser Gesichtspunkte kann nun der Ausgangsfall wie folgt beantwortet werden: Soweit die Fachaufsichtsbehörde substantiiert vorbringt, worin sich die angeführten Vergleichsfälle von der Leistung des Prüflings unterscheiden, ist die Ablehnung des Sachverständigen-Beweisantrages zulässig, es sei denn, der Kläger bestreitet dieses Vorbringen mit konkreten Gegenvorstellungen, die nicht ausgeräumt werden und die eine ernsthafte Möglichkeit für eine willkürliche Bewertung enthalten. In diesen — nach der bisherigen Erfahrung[103] seltenen Fällen könnte in der Ablehnung des Beweisantrages eine unzulässige Beweisantizipation liegen. Denn die Einholung eines Gutachtens liegt zwar — hinreichende Sachkunde vorausgesetzt — im Ermessen des Gerichts[104], aber der Richter soll Erkenntnisquellen ausschöpfen, ehe er sich eine Überzeugung bildet[105].

Was schließlich den Unterfall anlangt, daß sich die Bewertungsgesichtspunkte geändert haben, so ist zu sagen: Es ist nicht Sinn des Gleichheitssatzes, die Behörde zur Wiederholung eines fehlerhaften Verhaltens zu zwingen[106].

Fazit: Die Verwaltungsgerichte werden nicht zu uferloser Sachaufklärung gedrängt, weil sie den Nachprüfungsgesichtspunkt Willkür ernst nehmen. Denn die Notwendigkeit eines Beweisantrages zur Einschaltung eines Sachverständigen muß sich dem Gericht nach dem Prozeßstoff *aufdrängen*[107].

Ergibt nun die Beweiswürdigung ein non-liquet, so ist zu entscheiden, wer die Feststellungslast und damit die materielle Beweislast trägt.

---

[101] Vgl. dazu *Knies*, Die Schranken der Kunstfreiheit als verfassungsrechtliches Problem S. 162—169 München 1967.

[102] *Sieveking*, Deutscher Juristentag 1966: Beweislast und Beweiswürdigung im Zivil- und Verwaltungsprozeß S. 111; a. A. *Bettermann* ebd. 121: jeder ernsthaften Möglichkeit eines Sachverhaltes sei nachzugehen, ohne daß es darauf ankäme, wieweit sie aktenkundig ist, wieweit sie sich aufdrängt.

[103] vgl. oben Note 36.

[104] BGH NJW 51, 481; *Ule*, Verwaltungsgerichtsbarkeit 2. Aufl. 301.

[105] *Walter/Küper* NJW 68, 182.

[106] Bay. VerfGH VRspr. 15, 46 m. w. N.; ebenso *Eyermann-Fröhler* 4. Aufl. 23 zu § 114; ferner OVGE 16, 299.

[107] a. A. *Czermak* (JuS 68, 403), der offenbar stets einen Sachverständigen-Beweisantrag zulassen will.

## 2. Die materielle Beweislast bei Prüfungsbewertungen

Die Rechtsprechung hat zu dieser Frage noch kaum Stellung genommen[108], vielmehr das Vorliegen von Willkür entweder definitiv angenommen[109] oder verneint[110]. Mehr Resonanz hat die Frage in der Literatur gefunden:

a) Danach ist es herrschende Meinung, daß bei Prüfungsbewertungen der Prüfling die materielle Beweislast trägt[111], und zwar deshalb

— weil *er* in der Prüfung seine Befähigung nachzuweisen hatte: in dubio contra candidatum[112];

— weil er die Prüfung für bestanden erklärt haben will[113];

— weil er etwas verlangt, was nicht jedem zusteht[114] und

— weil er sich auf eine für ihn günstige Tatsache beruft[115].

Anderer Ansicht ist bislang nur das OVG Bremen[116]; weil das *Fehlen der Eignung* die *Ausnahme* ist, müsse die Fahrbehörde die Beweislast tragen.

Darauf ist zu erwidern: Richtig ist zwar, daß nach dem Regel-/Ausnahmeprinzip Ausnahmetatbestände derjenige beweisen muß, der sich auf sie beruft[117]. Aber die Ausnahme, die es hier zu beweisen gilt, ist die *Behauptung des Prüflings*, also nicht sein Versagen, sondern die etwaige *Willkür des Prüfers*. Zwar beruft sich die Behörde letztlich auf sein Versagen, aber vorrangig beruft er sich auf ihre Willkür bei der Bewertung, denn das ist ja der Gegenstand seiner Rechtsverletzungsbehauptung.

b) Im Anschluß an *Hoffmann*[118] ist hinzuzufügen:

Der Prüfling will seine Eigensphäre ausweiten, indem er ein Mehr an öffentlichen Gütern (ein Zeugnis oder ein Diplom) begehrt. Will

---

108 Ausnahme: OVG Bremen NJW 63, 1076.

109 BVerwGE 12, 359.

110 OVG Münster, unveröffentlichter Teil der Entscheidung DVBl 59, 72.

111 *Bettermann*, Beweislast und Beweiswürdigung, 46. Deutscher Juristentag a.a.O. S. 45; *Eyermann-Fröhler* VwGO, 4. Aufl. 3 zu § 86.
Vgl. *Redeker*, Beweislast und Beweiswürdigung im Zivil- und Verwaltungsprozeß NJW 66, 1780: bei Verstoß gegen den Gleichheitssatz.
*Czermak*, Zur Lehre vom gerichtsfreien Beurteilungsspielraum der Verwaltungsbehörden JuS 68, 399 (403); *Dahlinger*, Die Beweislast im Verwaltungsprozeß NJW 57, 7 (8).

112 Bettermann a.a.O.

113 Czermak a.a.O.

114 Dahlinger a.a.O., ebenso Rupp, Zur neuen Verwaltungsgerichtsordnung AöR NF 85, 149 ff., 301 ff. (319/320).

115 Eyermann-Fröhler a.a.O.

116 NJW 63, 1076.

117 OVG Münster OVGE 15, 179 (Impfschäden) und OVGE 16, 295.

118 Die Beweislast im Verwaltungsprozeß 1957, 603 (606), der jedoch nicht eigens auf Prüfungsentscheidungen eingeht.

er eine mögliche Unaufklärbarkeit vermeiden, dann muß er die Voraussetzung der für ihn günstigen Prüfungsnorm nachweisen[119]. Die Voraussetzung wäre (eine bessere Zensur für) eine *bessere* Prüfungsleistung. Daß er diese verdiente und nur aus Willkür nicht erhalten habe, das eben ist *seine* Behauptung (des Ausnahmetatbestandes Willkür), für die folglich *er* die Feststellungslast trägt und im Falle der Beweislosigkeit den Prozeß verliert.

c) Eine dritte Überlegung: Ermessensfehler muß nach allgemeiner Auffassung der Kläger beweisen[120], jedenfalls dann, wenn die Behörde nicht *eingreift*, sondern eine *begehrte Leistung versagt*[121]. Innerhalb ihres Ermessensspielraumes brauche sich die Behörde nicht zu rechtfertigen; der Kläger müsse vielmehr beweisen, daß rechtswidrig entschieden wurde[122]. Nun unterscheidet sich zwar der Beurteilungsspielraum vom Ermessen dadurch, daß er keine Wahlfreiheit gewährt, aber diese Unterscheidung verbietet es nicht, im Falle der Beweislast eine Parallele zu ziehen: Denn innerhalb ihres Beurteilungsspielraumes brauchen sich auch Schule und Hochschule nicht zu rechtfertigen. Vielmehr ist es Sache des Prüflings, zu beweisen, daß der Beurteilungsspielraum überschritten wurde, daß Willkür vorliegt.

d) Endlich ist das Nichtbestehen einer Prüfung auch keine *rechtshindernde Tatsache* für ein *vorgegebenes Recht*, denn es handelt sich hier nicht um einen *eingreifenden* VA, der ein vorhandenes Recht entzieht[123], so daß die Beweislastregel ausscheidet, wonach die Behörde eine *rechtshindernde* Tatsache beweisen muß[124].

e) Das soeben unter a) bis d) skizzierte Ergebnis ändert sich auch nicht dadurch, daß die *größere Beweisnähe* bei den Prüfern liegt, weil sich Bewertungen in der Regel der Sachkenntnis des Prüflings entziehen[125].

Denn die größere Beweisnähe ist nur *ein* weiteres Hilfsmittel[126] bei der Ermittlung des materiell Beweispflichtigen, demgegenüber das

---

[119] Normbegünstigungsprinzip: *Rosenberg*, Die Beweislast 5. Aufl. 1965 S. 107: „Jede Partei hat also die Voraussetzungen derjenigen Norm zu beweisen, deren Rechtswirkung sie für sich anerkannt sehen will"; ebenso *Ule*, Verwaltungsgerichtsbarkeit 2. Aufl. 302; *Bettermann*, 46. Juristentag, Beweislast und Beweiswürdigung S. 44; *Tietgen*, 46. Juristentag, Bd. I Gutachten S. 36; BVerwGE 3, 308; 7, 242, 250; BSGE 6. 70.

[120] *Ule* a.a.O. 305, derselbe in Verwaltungsprozeßrecht 4. Aufl. 184; *Eyermann-Fröhler* a.a.O. 7 zu § 86; *Dahlinger* NJW 57, 8; *Bernhardt* JR 66, 326.

[121] Vgl. *Tietgen* a.a.O. 51; *Bettermann* a.a.O. 46.

[122] *Ule* a.a.O. 305.

[123] *Bettermann* a.a.O 45 unterscheidet: 1. eingreifende VA, 2. feststellende VA, 3. Prüfungsentscheidungen.

[124] Vgl. *Rosenberg*, Beweislast, 5. Aufl. 106; *Tietgen* a.a.O. 38 ff.

[125] Vgl. die ähnliche Formulierung in BGHZ 23, 288 (291) und 28, 251 (254).

unter a) genannte *Regel-/Ausnahme-Prinzip* und das unter b) erwähnte *Prinzip der Normbegünstigung* den Vorrang verdienen.

f) *Fazit:* Der Kläger trägt die objektive Beweislast dafür, daß die von ihm angegriffene Bewertung auf Willkür beruht.

## VI. Kurze Zusammenfassung

1. An dem Kann-Nicht-Argument, wie es Bachof, Ule und Jesch begründet haben, wird festgehalten.

2. Die Besonderheiten des Schul- und Prüfungswesens führen zu der Auffassung, daß der Gesetzgeber den Lehrern und Prüfern einen gerichtsfreien Bereich primär eigenverantwortlicher Beurteilung und Bewertung überlassen will.

3. Prüfungsbewertungen, die keine Willkür enthalten, sind nicht justiziabel.

4. An Sachverständigen-*Beweisanträge*, die eine willkürliche Ungleichbewertung zum Thema haben, sind hinsichtlich ihrer *Geeignetheit* strenge Maßstäbe anzulegen; die Notwendigkeit eines solchen Antrags muß sich dem Gericht aufdrängen.

5. Der Kläger trägt die objektive Beweislast dafür, daß die von ihm angegriffene Bewertung auf Willkür beruht.

6. Eine rein verwaltungsprozeßrechtliche Sicht beantwortet nicht, ob die Anwendung unbestimmter Rechtbegriffe im Prüfungswesen für die Executive einen Beurteilungsspielraum gebietet, zuläßt oder verbietet. In *rein prozessualer Sicht* wäre ohne die Rechtsfigur vom Beurteilungsspielraum auszukommen, wenn nicht die Aufrechterhaltung der Funktionsfähigkeit des Schul- und Prüfungswesens einen solchen Spielraum erfordert. Der Schlüssel für diesen Fragenbereich liegt im Verfassungsrecht.

7. Der folgende verfassungsrechtliche Teil geht daher vor allem der Frage nach, ob die *Rechtsweggarantie des Art. 19 IV GG* einen Beurteilungsspielraum bei der Bewertung fachlich-wissenschaftlicher Leistungen zuläßt, verbietet oder gebietet.

   Im Anschluß daran ist die Intensität der Rechtsweggarantie im Lichte allgemeiner Strukturprinzipien der Verfassung wie des Grundsatzes auf rechtliches Gehör, dem Gewaltenteilungsprinzip und dem Rechtsstaatsprinzip zu untersuchen.

---

126 Vgl. *Bettermann* a.a.O. 44.

# Zweiter Teil

# Interpretation des Art. 19 IV GG
## im Hinblick auf die Frage nach der Zulässigkeit
## eines Beurteilungsspielraums

### Vorbemerkung: Gegenwärtige Tendenzen im Spannungsverhältnis
### der vollziehenden und der rechtsprechenden Gewalt

In der deutschen Verfassungs- und Verwaltungsrechtsliteratur und
-praxis ist gegenwärtig[1] ein vermehrtes Tauziehen um die Verteilung
der Kompetenzen zwischen der Verwaltung und der Rechtsprechung
im Gange. Retardierenden Kräften[2] stehen auf Erweiterung der recht-
sprechenden Gewalt drängende Entscheidungen des Bundesverwaltungsgerichtes gegenüber[3].

Der Verfasser dieser Arbeit möchte nicht so verstanden werden, daß
auch er in dem Ruf nach dem Letztentscheidenden Partei ergreife; das
hieße doch wohl, Behördenmißtrauen gegen Rechtspflegemißtrauen
abwägen zu müssen[4].

---

[1] Wie *Ossenbühl* (DÖV 68 ,618) aufzeigt.

[2] Vgl. *Forsthoff*, Verwaltungsrecht 8. Aufl. S. 78, ferner Ossenbühl (a.a.O.
627) selbst:
„Auch derjenige, der den Rechtsstaat am besten bei der dritten Gewalt
aufgehoben sieht, sollte sich klarmachen, daß es hier nicht um ein Ja
oder Nein zum Rechtsschutz schlechthin geht, sondern um das Letztentscheidungsrecht in extremen Zweifelsfällen. Dieses Letztentscheidungsrecht sollte
und muß der Gewalt vorbehalten bleiben, die von Verfassung wegen zur
Ordnungsgestaltung berufen ist und hierfür die Verantwortung zu tragen
hat."

[3] BVerwGE 23, 194 (Filmbewertung); BVerwGE 18, 247; BVerwG DÖV 66,
722; ebenso: *Rupp*, Grundfragen 213; *Jaeger* DÖV 66, 779; *Czermak* JuS 68,
402.

[4] Kommt man aber um diese Abwägung nicht herum, dann entscheidet
sich der Verfasser im Sinne Ossenbühls zugunsten eines Letztentscheidungs-
rechtes der Verwaltung in *komplexen Zweifelsfällen*. Denn die Frage ist:
Wäre eine Rechtspflege noch funktionsgerecht, welche durch Vorlage solcher
Fälle eine Art Verwaltungsbehörde würde? Hat das Pendel der verwaltungsgerichtlichen Kontrolluhr nach 1945 in Abkehr vom Unrechtsstaat hier nicht
zu weit ausgeschlagen? Übertriebenes Mißtrauen in die Verwaltung sollte
sich nicht ausbreiten, von dem anarchistischen Zug, den das Mißtrauen von
Schülern und Studenten gegen Schul- und Hochschulverwaltung heute
bisweilen aufweist, ganz zu schweigen.

Ob es für die Entwicklung unseres Verwaltungsrechtes wertvoll oder nachteilig ist, daß die deutschen Verwaltungsgerichte in ihrer Entscheidungsfülle offenbar allen ausländischen voraneilen, darf hier letztlich als Frage stehenbleiben. Es soll dagegen untersucht werden, ob man sich im Konflikt zwischen der Rechtsweggarantie des Art. 19 IV 1 GG und dem behördlichen Beurteilungsspielraum im Prüfungswesen zu justiziablen, praktikablen und einzelfallgerechten Lösungsvorschlägen vorarbeiten kann.

Die Überlegungen gehen dahin, ob die Interpretation des Art. 19 IV GG bei Prüfungsentscheidungen einen vom Gericht zu respektierenden Spielraum freier Behördenbeurteilung zuläßt oder verbietet oder gebietet.

Zunächst gilt es jedoch, die Entwicklung der Lehre und Rechtsprechung aufzuzeigen.

*Erster Abschnitt*

**Entwicklung in Lehre und Rechtsprechung**

### I. Auffassungen in der Lehre

#### 1. Ule

Wohl am eingehendsten hat sich *Ule* mit dem Problemkreis Rechtsweggarantie und Beurteilungsspielraum befaßt. Zunächst rügte er[5] Art. 33 I des Montanvertrages, wonach sich die Nachprüfung durch den Gerichtshof nicht auf die Würdigung der sich aus den wirtschaftlichen Tatsachen oder Umständen ergebenden Gesamtlage erstrecken darf[6]. Diese Einschränkung sei nach deutschem Verfassungsrecht (Art. 19 IV GG) wohl nicht zulässig. Denn der Rechtsweg, das heißt, der Weg zu den Gerichten, sei nur dann wirklich offen, wenn dem Gericht die Entscheidung des gesamten Rechtsstreites und aller erheblichen Rechtsfragen zustehe. Wer die Gerichte von der Aufgabe ausschließe, den Sachverhalt unter den Tatbestand der gesetzlichen Bestimmungen zu subsumieren, nehme ihnen einen wesentlichen Teil ihrer Funktion. Da Ule letzten Endes aber doch vermeiden wollte, das letzte Wort zu wirtschaftspolitischen Fragen den Richtern zu überlassen, meinte er

---

[5] In DVBl 53, 491 (497 1. Sp.).
[6] Europa-Archiv 6. Jg. 1951, 3991 ff.

abschließend pragmatisch-resignierend: So werde wohl kaum eine andere Möglichkeit in Betracht kommen als der Weg der Einschränkung der Richtermacht zugunsten der Verwaltung.

Später[7] präzisierte Ule seine Absicht wie folgt: Art. 19 IV GG eröffne zwar den Rechtsweg, lasse aber die Frage nach der *Intensität* des Rechtsschutzes offen. Für die rechtsstaatliche Entwicklung sei ein Rechtsschutz, der auch die pädagogischen und wissenschaftlichen Urteile in die Nachprüfung einbezöge, nicht förderlich, sondern schädlich. Denn hier würden die Gerichte nicht nur die Grenzen, die in der Natur und in dem Wesen des pädagogisch-wissenschaftlichen Urteils lägen, überschreiten[8], sondern sie würden auch den berechtigten Widerstand der Verwaltung gegen die Rechtsweggarantie wecken und diese dadurch gefährden.

### 2. Andere mit Ule übereinstimmende Auffassungen

*Ules* Ergebnis, daß Art. 19 IV GG einen Beurteilungsspielraum zuläßt, ist die heute in der Lehre herrschende Meinung: *Bachof* und *Jesch* argumentierten beispielsweise wie folgt: Da ein praktikabler Kontrollmaßstab fehle, werde nicht gegen Art. 19 IV verstoßen, der nichts Unmögliches fordere[9].

In diesem Zusammenhang verdient auch der Hinweis *Lerches* Beachtung, wonach gegenwärtig eine Überschätzung des Gerichtsschutzes spürbar sei und zu der Sorge führe, daß ein Allzuviel des richterlichen Wortes Restbestände an Persönlichem bloßlegen könnte[10].

Im übrigen variieren zwar die Begründungen, doch bleibt der Tenor der herrschenden Meinung unverändert der, daß Art. 19 IV über die Intensität des Rechtsschutzes nichts aussagt. Die Begründung von *H. J. Wolff* dazu lautet beispielsweise, daß Bestand und Ausmaß von Berechtigungen allererst vom Gesetzgeber (im Rahmen der Verfassung) bestimmt würden[11].

---

[7] VVDStL 15, 133 (172), 1957.

[8] Mit folgender Begründung: Lehrer, die Jahresleistungen benoteten oder Doktorväter gäben gewissermaßen unvertretbare, nicht ersetzbare Urteile ab (a.a.O. 170); ferner: eine gerichtliche Prüfung könne nicht ergeben, daß eine Klausur-Note vertretbar und daher hinzunehmen sei (Gedächtnisschrift 326).
Ule verwendet hier den Ausdruck „vertretbar" bzw. „unvertretbar" in einem sprachlich interessanten Doppelsinn: ein Urteil kann (ähnlich den res fungibiles, den vertretbaren Sachen) vertretbar im Sinne von ersetzbar sein. „Vertretbar" ist aber im juristischen Sprachgebrauch auch ein Entscheid oder Standpunkt, der vieles für sich hat, annehmbar, akzeptabel ist, der gewissermaßen zum Topoi-Katalog dazugehört.

[9] Bachof, Rechtsprechung a.a.O. 231—233; Jesch AöR 82, 163 (241).

[10] Grundrechte a.a.O. 513/515.

[11] Lehrbuch a.a.O. Bd. I 5. Aufl. 1963, 145 § 31; ebenso: *Arentz* a.a.O. 176; *Becker* JöR N. F. 15, 262; *Holland* DVBl 68, 245 (247).

Eine gewisse Zwischenposition nehmen *Bettermann, Maunz-Dürig* und *Kellner* ein, die man dahin signalisieren kann, daß Art. 19 IV zwar eine volle Tatsachenkontrolle für den Richter bedinge, jedoch bei Werturteilen (*Bettermann*), bei Prüfungsentscheidungen (*Maunz-Dürig*), bei höchstpersönlichen Beurteilungen (*Kellner*) einen Beurteilungsspielraum zugunsten der Behörde zulasse[12].

Es muß den Gegnern der herrschenden Meinung auch zu denken geben, daß selbst *Klein*, der in seiner Abhandlung über die Tragweite des Art. 19 IV das Stichwort von der durchgängig rechtsstaatlich-extensiven Auslegung in die Diskussion warf, es ausdrücklich anzweifelt, ob Art. 19 IV auch voraussetze, daß das Gericht den Streit in vollem Umfang nach der tatsächlichen und rechtlichen Seite überprüfen dürfe[13].

### 3. Gegenauffassungen von Naumann, Waltner u. a.

Vergleichsweise spärlich war bislang die Gegenmeinung zu vernehmen, jedenfalls soweit sie speziell mit Art. 19 IV gegen den Beurteilungsspielraum operierte. So wandte sich *Naumann*[14] gegen das unter dem Stichwort „Beurteilungsspielraum" offenbar werdende Zurückweichen der Verwaltungsgerichte, das mit Art. 19 IV nicht zu vereinbaren sei.

*Waltner* setzte hinzu, daß der Wortlaut des Art. 19 IV zwar die Auslegung der herrschenden Meinung nicht vollkommen ausschließe. Diese verkenne aber, daß es sinnlos sei, einen Rechtsweg zu eröffnen, wenn die fachlich-wissenschaftliche Wertung von der Gerichtskontrolle ausgeklammert werde. Wolle man der kardinalen Bedeutung des Art. 19 IV, der ein substanzielles Recht auf effektiven, tatsächlich wirksamen Rechtsschutz gebe, gerecht werden, so müsse das Gericht den gesamten Rechtsanwendungsvorgang nochmals vollziehen[15].

Die hier wiedergegebenen Ansichten werden unten (Abschnitt II) kritisch gewürdigt; im folgenden sei zunächst die Rechtsprechung mit ihren divergierenden Auffassungen dargestellt.

---

[12] Bettermann, Grundrechte a.a.O. 798/810; Maunz-Dürig Art. 19 IV a.a.O. Rd. 47, die einen verbindenden Regel-Ausnahme-Hinweis zu den Rd. 32 und 26 verdiente; Kellner NJW 66, 857 ff.

[13] VVDStL 8, 94.

[14] Auf der Jahrestagung 1965 der Vereinigung der Verwaltungsgerichtspräsidenten (DVBl 66, 174).

[15] a.a.O. 235; ebenso: *Reuß* DVBl 53, 585, 649 und *Rupp* a.a.O 207—221, der von einem Schaden für den Rechtsstaat spricht.

## II. Auffassungen der Rechtsprechung

### 1. Die Judikatur des BVerfG

Wesentlich kontroverser als in der Lehre ist das Thema Rechtsweggarantie und Beurteilungsspielraum in der Rechtsprechung. Dies könnte mit der Leitsatz-Praxis der Nachkriegsrechtsprechung zusammenhängen. So scheint das BVerfG gleichsam in abstracto und ohne Ausnahme abzulehnen, womit es konkret noch gar nicht befaßt wurde, nämlich mit einem Beurteilungsspielraum eo ipso für Schul- und Prüfungsbehörden. Dies jedenfalls lehrt ein kurzer Überblick über die Judikatur:

Legitime Funktion der Gerichte sei es, Grenz- und Zweifelsfälle unter unbestimmte Rechtsbegriffe zu subsumieren[16]. Art. 19 IV gewährleiste die vollständige Nachprüfung in rechtlicher und tatsächlicher Hinsicht[17]. So habe ein Truppendienstrichter für die Frage der Rechtmäßigkeit und Angemessenheit einer Arreststrafe die wesentlichen Umstände — bisherige Führung, Persönlichkeit, Personalakte u. a. — in vollem Umfange nachzuprüfen[18]. „Es wäre mit Art. 19 IV GG nicht vereinbar, wenn das Gericht nur auf die Nachprüfung der rechtlichen Seite beschränkt wäre und die behördlichen Tatsachenfeststellungen seiner Entscheidung ungeprüft zugrunde legen müßte oder dürfte[19]."

Ähnlich beginnt eine andere Entscheidung: Art. 19 IV beseitige die „Selbstherrlichkeit" der vollziehenden Gewalt im Verhältnis zum Bürger; kein Akt der Exekutive, der in Rechte des Bürgers eingreife, könne richterlicher Nachprüfung entzogen werden[20].

Doch dann folgt eine erhebliche Einschränkung: Der Rechtsweg, d. h. der Weg zu den Gerichten stehe aber nicht schrankenlos „offen". Art. 19 IV wolle nicht alle herkömmlichen Grundsätze des Prozeßrechtes, die rechtlich oder tatsächlich einer Erschwerung des Zuganges zu den Gerichten bewirkten, außer Kraft setzen; die meisten dieser Grundsätze verbürgten Rechtssicherheit und geordneten Gang der Rechtspflege und dienten damit im weiteren Sinne ebenfalls dem Rechtsschutz des Bürgers[21].

Diese gewiß einengende Auslegung behandelt jedoch nur die Frage der Rechtsweg-Eröffnung, nicht die der Rechtsschutz-Intensität. Man

---

[16] BVerfGE 2, 380 (395).
[17] BVerfGE 6, 32 (42); 15, 275 (281); 18, 203 (212); BVerfG NJW 67, 923 und 2151 (52).
[18] BVerfG NJW 68, 243.
[19] BVerfG NJW 67, 923.
[20] BVerfGE 10, 264 (267).
[21] a.a.O.

wird daher nicht fehl in der Annahme gehen, daß das BVerfG nach
seinen bislang veröffentlichten und oben zitierten Urteilen bei der Anwendung unbestimmter Rechtsbegriffe jedweden gerichtsfreien Beurteilungsspielraum — gewissermaßen ohne Ansehen des Rechtsgebie-
tes — als mit Art. 19 IV unvereinbar ablehnt[22]. Eine gefestigte Rechtsprechung liegt jedoch noch nicht vor[23].

### 2. Die Rechtsprechung des Bundesfinanzhofes

Auch der Bundesfinanzhof toleriert — soweit er die Rechtsweggarantie einengend interpretierte — nur Prozeßordnungsgrundsätze,
nicht aber Beurteilungsspielräume:

Art. 19 IV gewährleiste nur den Rechtsweg, enthalte aber keine
nähere Regelung des Verfahrens[24].

Nun müsse allerdings der Rechtsschutz ein vollkommener sein, d. h.,
der in Art. 19 IV vorgesehene Rechtsweg müsse eine vollständige Nachprüfung des Verwaltungsaktes in rechtlicher und tatsächlicher Hinsicht ermöglichen[25].

### 3. Die Rechtsprechung des Bundesgerichtshofes

Der BGH fordert zu Art. 19 IV ebenfalls volle gerichtliche Kontrolle:
Nach Art. 19 IV stehe jedem, der durch die öffentliche Gewalt in seinen Rechten verletzt wird, der Rechtsweg offen. Ein Rechtsweg sei nur
gegeben, wenn über den Tatbestand, der die angebliche Rechtsverletzung darstellt, in vollem Umfang, d. h. nach der tatsächlichen und
rechtlichen Seite ein Gericht zu entscheiden habe[26].

### 4. Die Rechtsprechung des OVG Münster

Man kann, ohne zu vergröbern, sagen, daß nur diejenigen Gerichte,
die sich mit Schul- und Prüfungsfällen nicht zu befassen hatten, einen
Beurteilungsspielraum ablehnen, während einschlägige Gerichte —
insbesondere das Bundesverwaltungsgericht und das OVG Münster —
annehmen, daß Art. 19 IV bei persönlichkeitsbedingten Werturteilen
(notgedrungen) einen Beurteilungsspielraum zulasse, d. h. offen lasse,
wie weit die Intensität des Gerichtsschutzes reicht.

---

[22] Vgl. auch den „Reugeld"-Beschluß in E 10, 148: „Auch das Tatbestands-
merkmal des ‚Nicht-ausgenutzt-werdens' ist klar umrissen, läßt der Verwaltungsbehörde *keinen Beurteilungsspielraum* und kann im Streitfall von
den Verwaltungsgerichten nachgeprüft werden."

[23] Wie die Rechtsprechungsübersicht im Anhang I ergibt.

[24] BFH JZ 55, 347; BFHE 69, 247 (249) (1959).

[25] BFH NJW 55, 967.

[26] BGH VRspr 8, 486 (1955).

Zur Begründung führt das OVG Münster[27] aus:

Eine Bewertung sei nicht a priori im einzelnen festzulegen, sondern notgedrungen ad personam gestellt, so daß ein Prüfling mit denselben Leistungen die Prüfung vor der Kommission A ohne und vor der Kommission B mit Erfolg ablege. Sei mithin bei pädagogisch-wissenschaftlichen Bewertungen der Rahmen nicht fest zu umreißen, so spreche der — interpretativ zu erschließende — Wille des Gesetzgebers für einen Beurteilungsspielraum der Prüfer und Lehrer.

Hiergegen könnte zwar sprechen, so fährt das OVG Münster fort, daß sich das Grundgesetz nicht mit einer Gewaltenunterscheidung und Gewaltentrennung begnüge, sondern ausdrücklich die Gewaltenkontrolle zum Grundsatz erhebe: Art. 19 IV verpflichte die Gerichte zur Kontrolle der vollziehenden Gewalt. Ihre Rechtsansicht habe Vorrang. Art. 19 IV habe somit Schutzfunktion. Diese habe aber Grenzen. Anerkenne der Richter einen Beurteilungsspielraum — der von Schule zu Schule, von Kommission zu Kommission anders aussehen mag — nicht, so entstehe ein gerichtliches Superprüfungssystem, welches dem Prüfungswesen Unordnung und dem Rechtsstaat Schaden zufüge. Nachprüfbar sei jedoch, ob das Verfahren, die Tatsachengrundlage, die allgemeinen Bewertungsgrundsätze und der Gleichheitsgrundsatz eingehalten wurden und ob sich der Prüfer nicht von sachfremden Erwägungen leiten ließ.

### 5. Die Rechtsprechung des Bundesverwaltungsgerichtes

Bei der Betrachtung der Rechtsprechung des BVerwG ist voranzuschicken, daß das BVerwG innerhalb der persönlichkeitsbedingten Werturteile noch einmal unterscheidet: es läßt nur bei fachlich-wissenschaftlichen Bewertungen und bei Beamteneignungs-Beurteilungen einen Beurteilungsspielraum zu; bei künstlerischen Werturteilen verbiete ihn dagegen Art. 19 IV. Denn ein Kulturfilm lasse sich vor jedem Gremium zur erneuten Begutachtung abspielen, im Gegensatz zu Schul- und Prüfungsleistungen, die nicht voll wiederholbar seien[28].

Im einzelnen heißt es: Bei dem Begriff „Eignung" handle es sich um einen unbestimmten Rechtsbegriff, zu dessen Wesen die gerichtliche Überprüfbarkeit gehöre. Daß das Verwaltungsgericht hierbei sein Urteil an die Stelle des Urteils der Verwaltungsbehörde setze, sei keine Verletzung des im geltenden Recht ohnehin nicht lückenlos verwirklichten Grundsatzes der Gewaltenteilung, vielmehr offenbare sich gerade darin der Rechtsstaat mit seiner wechselseitigen Kontrolle der

---

[27] OVGE 14, 38 = DVBl 59, 72.
[28] BVerwG DVBl 66, 571.

Gewalten und der dadurch gewährleisteten Gesetzmäßigkeit der Verwaltung. Das Verfassungsrecht könnte eher dadurch verletzt sein, daß die Gerichte sich an die Beurteilung der Verwaltungsbehörden rechtlich gebunden fühlten und sich einer Prüfung insoweit enthielten (vgl. Art. 19 IV).

Dennoch sei unter bestimmten, eng begrenzten Voraussetzungen die Anerkennung eines „gerichtsfreien Beurteilungsspielraumes" der Behörde zweckmäßig und verfassungsrechtlich vertretbar. Das gelte gerade bei unbestimmten Rechtsbegriffen wertenden Inhalts, wie dem der Eignung, bei deren Beurteilung in Grenzfällen der menschlichen Erkenntnisfähigkeit natürliche Schranken gesetzt seien. Die Entscheidung hänge davon ab, ob in das Gesetz hineingelesen werden könne, daß die Behörde über das Vorliegen bestimmter Voraussetzungen nach pflichtgemäßer Beurteilung entscheiden dürfe[29].

Rechtliche Nachprüfung der Bewertungen seiner Lehrer und Prüfer werde dem Schüler und Prüfling jedoch zuteil. Der gewaltenteilende Rechtsstaat in der Prägung des Grundgesetzes verlange nicht, daß der Richter die vollziehende Gewalt in jedem Punkte prüfe. Er verlange gerade das Miteinander der Gewalten. Er lasse es zu, daß der Verwaltung ein Ermessen eingeräumt werde und beschränke die Rechtsprechung auf die rechtliche Prüfung[30].

Der vom Bundesverfassungsgericht aufgestellte Grundsatz, daß die Interpretation unbestimmter Rechtsbegriffe wesentlicher Bestandteil der Rechtsfindung sei, werde nicht ohne weiteres dadurch beeinträchtigt, daß ein Gesetz bei der Subsumtion eines Sachverhalts unter einen ausfüllungsbedürftigen Begriff eine höchstpersönliche Entscheidung fordert, die der richterlichen Nachprüfung nicht voll zugänglich sein soll. Ebenso wie der Gesetzgeber der Verwaltung ein Handlungsermessen einräumen könne, könne er ihr auch bei der Ausfüllung eines von ihm selbst gesetzten unbestimmten Rechtsbegriffes einen gewissen Spielraum überlassen, sofern dies nur aus sachlichen Gründen notwendig erscheinen müsse[31].

Die entgegengesetzte Begründung aus zwei jüngeren Entscheidungen von 1965 und 1967 für die Nachprüfung künstlerischer Bewertungen lautet wie folgt:

Es dürfe schließlich nicht übersehen werden, daß aus Art. 19 IV und dem dort vorgeschriebenen umfassenden Rechtsschutz entnommen werden müsse, daß auch solche Wertungen der gerichtlichen Nachprü-

---

[29] BVerwGE 5, 153 (162).
[30] BVerwGE 8, 272 (274).
[31] BVerwGE 15, 39 (41); 17, 267 (271); 21, 127 (131).

fung unterlägen, zumal die Gerichte in zweifelhaften Fällen Sachverständige beiziehen könnten[32].

Könnte das Verwaltungsgericht eine Anfechtungsklage abweisen, weil die beklagte Bundesprüfstelle aufgrund ihrer Sachkunde den von ihr erlassenen Verwaltungsakt für rechtmäßig erklärt habe, so würde das der Rechtsschutzgarantie des Art. 19 IV widersprechen[33].

## III. Zusammenfassung

Die herrschende Meinung[34] hält einen Beurteilungsspielraum bei Schul- und Prüfungsbewertungen mit der Rechtsweggarantie des Art. 19 IV GG für *vereinbar*,

— weil ein praktikabler Kontrollmaßstab fehlt und Art. 19 IV nichts Unmögliches fordert *(Bachof, Jesch)*[35];

— weil Art. 19 IV nur den Rechtsweg eröffne, aber nichts über die *Intensität* des Rechtsschutzes sage *(Ule)*[36];

— weil sonst ein gerichtliches Superprüfungssystem zum Schaden des Prüfungswesens und des Rechtsstaates entstehe (OVG Münster)[37];

— weil der vom BVerfG[38] aufgestellte Grundsatz, daß die Auslegung unbestimmter Rechtsbegriffe und die Subsumtion von Grenz- und Zweifelsfällen unter diese Begriffe wesentlicher Teil der Rechtsfindung ist, nicht ohne weiteres dadurch verletzt wird, daß das Gesetz selbst bei der Subsumtion eine *höchst persönliche* Entscheidung fordert (BVerwG)[39];

— weil der gewaltenteilende Rechtsstaat nicht verlangt, daß der Richter die vollziehende Gewalt in jedem Punkt prüfe (BVerwG)[40] und

— weil dem Prüfling *rechtliche* Nachprüfung der Bewertung dahin zuteil wird, ob der Prüfer von dem richtigen Sachverhalt ausgegangen ist, ob er die allgemeinen Bewertungsgrundsätze eingehalten und keine sachfremden Erwägungen angestellt hat (BVerwG)[40].

---

[32] BVerwG DVBl 65, 914 (916): „künstlerisch hochstehend".
[33] BVerwG JR 68, 232.
[34] Bachof, Rechtsprechung a.a.O. 231—233; Jesch AöR 82, 163 (241); Ule VVDStL 15, 133 (172); OVG Münster OVGE 14, 38 (44); BVerwGE 8, 272 (274); 15, 39 (41); Bettermann, Grundrechte a.a.O. 798/810; Maunz-Dürig Art. 19 IV a.a.O. Rd 47; Kellner NJW 66, 857.
[35] a.a.O.
[36] a.a.O.
[37] a.a.O.
[38] BVerfGE 2, 380 (395).
[39] E 15, 39 (41).
[40] E 8, 272 (274).

Eine Minderheit[41] lehnt die Ausklammerung der fachlich-wissenschaftlichen Wertung von der Gerichtskontrolle ab, da insoweit die Rechtsschutzgewährleistung des Art. 19 IV *ineffektiv* werde.

Die Rechtsprechung der übrigen Gerichte (BVerfG, BGH, BFH) ist insofern theoretischer Natur, als sie nicht konkret auf Schul- und Prüfungsbewertungen eingehen konnte, so daß man insbesondere für das BVerfG davon auszugehen hat, daß es hierzu noch kein abschließendes Urteil abgegeben hat.

Im folgenden Abschnitt wird im Zuge der Interpretation der Rechtsweggarantie auch zu prüfen sein, ob Art. 19 IV einen Beurteilungsspielraum für Prüfer und Lehrer nicht nur nicht verbietet, sondern positiv *gebietet*. Schließlich ist Art. 19 IV GG im Lichte der Grundsätze des rechtlichen Gehörs, der Gewaltenteilung und des Rechtsstaates zu würdigen.

*Zweiter Abschnitt*

**Kritische Würdigung**

## I. Zur Auslegung des Art. 19 IV GG

### 1. Die Begriffe öffentliche Gewalt, Recht, Rechtsverletzung und Rechtsweg

Art. 19 IV GG eröffnet jedem, der durch die öffentliche Gewalt in seinen Rechten verletzt wird, den Rechtsweg. Die in unserem Zusammenhang interessierenden Schul- und Prüfungsentscheidungen ergehen meist von Trägern öffentlicher — oder beliehener öffentlicher — Gewalt (Schulen, Prüfungsämter, Universitäten).

Verbürgt Art. 3 I GG jedem das Recht auf gleiche Chancen zum Bildungsaufstieg, so ist eine zu Unrecht versagte oder unterbewertet erteilte Berechtigung eine Rechtsverletzung, weil sie den Rechtskreis des Prüflings unmittelbar, d. h. zeitlich und finanziell berührt. Damit wird der Rechtsweg eröffnet. Rechtsweg ist der Weg zu einem Gericht. Zuständig sind die Verwaltungsgerichte; die Verwaltungsakte-Qualität eines Prüfungs- oder Zeugnisbescheides steht heute außer Streit.

---

[41] *Waltner*, Georg, Die gerichtliche Überprüfbarkeit von Verwaltungsentscheidungen im Rahmen des sog. Beurteilungsspielraumes Diss. München 1968, 235; Reuß DVBl 53, 585, 649; vgl. auch *Rupp*, Grundfragen a.a.O. 221 und *Naumann* DVBl 66, 174.

Problematisch ist für die vorliegende Untersuchung nur der Begriff „Rechtsweg" in seiner Nachprüfungs*weite*, die Intensität des Rechtsschutzes mithin. In der Auslegung dieses Begriffes ist die Antwort nach der Frage der verfassungsrechtlichen Zulässigkeit eines Beurteilungsspielraumes zu suchen.

## 2. Die Interpretation des Begriffes „Rechtsweg"

Der Ausdruck „Rechtsweg" = Weg zu den Gerichten bietet grammatisch-etymologisch keine Unklarheit. Seine systematische Stellung am Ende des Grundrechtskataloges sagt nichts über die Intensität des Rechtsweges aus[42], noch findet sich hierfür historischer Materialbefund[43]. Es scheint festzustehen, daß die Väter des Art. 19 IV — wie in den vorangegangenen Länderverfassungen von Hessen und Bremen — nur die enumerierten Rechtswege durch einen generellen ablösen wollten. Die ratio constitutionis ging offenbar nur dahin, zu verhindern, daß der Rechtsschutz überhaupt entfalle. Die Intensität des Rechtsschutzes haben die Schöpfer dieser Bestimmung nach allem, was die lakonischen Materialien aussagen, mit Sicherheit nicht festlegen wollen, vermutlich nicht einmal reflektiert. Es ging ihnen einmal darum, eine Entwicklung zur Generalklausel zu Ende zu führen, die seit über 100 Jahren im Gange war[44]. Zugleich sollte der Barbarei des Unrechtsstaates eine Rechtsschutzgarantie entgegengesetzt werden[45]; Feinheiten interessierten zunächst nicht.

Lassen Entstehungsgeschichte und Wortlaut keine eindeutige Auslegung zu, so könnte von einer nachträglich erst bewußt gewordenen

---

[42] Unter „Intensität des Rechtsschutzes" versteht man nicht nur die Nachprüfungs*weite*, sondern auch das — hier nicht interessierende — Erfordernis einer oder mehrerer Gerichtsinstanzen (Bachof, Wehrpflichtgesetz und Rechtsschutz, in Recht und Staat in Geschichte und Gegenwart 202/203, Tübingen 1957 S. 49/50: In bezug auf die Intensität des Rechtsschutzes habe das Rechtsstaatprinzip seine Konkretisierung in der Rechtsweggarantie des Art. 19 IV gefunden, ohne daß hieraus ausnahmslos das Erfordernis mehrerer Gerichtsinstanzen herausgelesen werden könne).
[43] *Klein*, Tragweite, 78 ff.; *Ule* VVDStL 15, 150; Jahrb. d. öff. Rechts N. F. Bd. 1 (1953), 183 ff.;
Im Grundsatzausschuß des Parlamentarischen Rates führte *Thoma* lediglich aus:
„Die Prinzipien des Rechtsstaates forderten formal-rechtlich, daß sich jedermann gegen wirkliche oder vermeintliche rechtswidrige Eingriffe in seine Rechts- und Freiheitssphäre ... durch Anrufung eines unabhängigen Verwaltungsgerichtes zur Wehr setzen kann "(Jahrbuch des öffentlichen Rechts, N. F. Bd. 1, 184).
(Zur Geschichte des verwaltungsgerichtlichen Rechtsschutzes vom Mittelalter bis zum Bonner Grundgesetz vgl. *Klein* VVDStL 8, 67—78).
[44] Klein VVDStL 8, 67 (123); vgl. dazu VVDStL 2, 121: „Fast alle Redner der Aussprache auf der Jahrestagung 1925 waren für die Generalklausel; Kaufmann (ebd. 116) nannte sie die Seele der Verwaltungsgerichtsbarkeit.
[45] Vgl. Klein VVDStL 8, 67 (89).

Prinzip- oder Wertlücke[46], d. h. einer planwidrigen Unvollständigkeit des Art. 19 IV, gemessen an der diesem Artikel immanenten Teleologie und den Prinzipien der Gewaltenteilung und des Rechtsstaates (dazu unten II) gesprochen werden.

Dies erlaubt den Versuch, dem lückenhaft weiten Wortlaut mit einer teleologischen Reduktion beizukommen[47] und eine Antwort aus der Natur und Zielrichtung der Rechtsweggarantie abzuleiten. Die Frage nach ihrem heutigen Sinn geht — auf das Schul- und Prüfungswesen gewendet — dahin, wo rechtsstaatlich gesehen die Grenze zwischen der *Intensität des Individualrechtsschutzes* und der *Ordnungsfunktion primär injustiziabler Prüfungsbewertungen* verläuft.

### 3. Teleologische Auslegung

#### a) Methodisches Vorgehen

Im folgenden legt der Verfasser die von *Kriele* in seiner Theorie der Rechtsgewinnung[48] empfohlene Methode zugrunde, d. h. er hält eine Abwägung unter den sachnächsten topoi, die Begründung ihrer Relevanz und die Rechtfertigung der sich ergebenden *Folgerungen* für ausschlaggebend[49].

Dazu ist festzustellen, daß die neuere Auslegungspraxis des BVerfG diesem rational-relevanten Konsequenzabwägungsdenken weitgehend entspricht. Jüngste Entscheidungen enthalten jedenfalls seltener eine Bezugnahme auf Werte, Systeme oder eine Gesamtschau, sondern stellen den Versuch dar, in pragmatischer Vorausschau die Folgen der möglichen Lösungen herauszuschälen und sich für die erträglichste Alternative zu entscheiden[50].

---

[46] i. S. von *Canaris* a.a.O. S. 170/171; vgl. auch S. 197—200.

[47] Ist doch diese Art rechtsfindender Lückenfüllung und Gesetzesergänzung nach Ansicht des BVerfG im modernen Rechtsstaat mehr und mehr zur echten richterlichen Aufgabe geworden (E 3, 242); *Maunz*, Staatsrecht (16. Aufl. S. 51) spricht von einer verborgenen Verfassungslücke, wenn sich im Laufe der Zeit erst zeige, daß eine Frage keine ausdrückliche Regelung in der Verfassung gefunden hat. Diese Lücke müsse aus dem Gesamtgefüge der Verfassung geschlossen werden.

[48] a.a.O. 99.

[49] Krieles Ansicht begegnet freilich Kritik: *Larenz* (Methodenlehre a.a.O. 2. A. 1969, 323) lehnt die *„Richtigkeitskontrolle vom Ergebnis her"* zwar nicht ab — offensichtlich ungerechte Entscheidungen könne sie verhindern —, warnt aber vor einem „Zu-früh", vor dem Ansteuern eines vorgefaßten Ergebnisses noch *vor* jeder Auslegung. Im übrigen wird gegen eine rein „topische" Denkweise angeführt, daß dabei auch normfremde „topoi" herangezogen werden könnten (F. *Müller*, Normstruktur und Normativität 1966, 56).

[50] Folgende, 1968 veröffentlichte Entscheidungen des BVerfG mögen als Beleg dienen:

Ausgehend von diesen methodischen Erwägungen ist nunmehr nach Sinn und Zweck des Art. 19 IV zu fragen, sowie danach, ob der fachlich-wissenschaftliche Beurteilungsspielraum die Rechtsweggarantie zum *Scheinrechtsweg* werden ließe und ob dieser Spielraum *jegliche* fachlich-wissenschaftliche Gerichtskontrolle ausschließt.

### b) *Sinn und Zweck des Art. 19 IV GG*

Wie das Schul- und Prüfungswesen als Teil der öffentlichen Gewalt im Lichte des Art. 19 IV GG zu sehen ist, so muß auch umgekehrt Art. 19 IV im Lichte eines für das Gemeinwesen funktionsfähigen Prüfungs- und Bildungswesens betrachtet werden.

Des Zusammenhanges wegen sei hier darauf hingewiesen, daß der Widerstand aus dem Kreise der Lehrer und Prüfer[51] nach Ansicht von Ule die Rechtsweggarantie selbst gefährden könnte[52].

1. „Eine weniger stringente Anwendung des Subsidiaritätsprinzips bei der Verfassungsbeschwerde würde die Rechtssicherheit vermindern und das Bundesverfassungsgericht durch vermeidbare Verfassungsbeschwerden seinen sonstigen Aufgaben teilweise entziehen" (BVerfG NJW 68, 31).

2. „Die gegenwärtige Regelung kann nicht schon mit ... gerechtfertigt werden ... Zur sachlichen Rechtfertigung reichen allgemeine verwaltungstechnische Erwägungen nicht aus ... Überdies sind ernstliche Auswirkungen auf ... nicht zu besorgen; die Berücksichtigung des ... würde keine nennenswerten Mehrarbeiten auferlegen ..." (BVerfG NJW 68, 291 [292]).

3. „Für die hier getroffene Regelung sprechen vernünftige Erwägungen des Gemeindewohles (folgen Details) ... Die zusätzliche Belastung ist weder unangemessen noch unzumutbar (folgen Details)" (BVerfG NJW 68, 347/8).

4. „Dies beruht auf sachlichen Erwägungen ... Es kann der Zahl der Kinder keine ausschlaggebende Bedeutung beigemessen werden, die es rechtfertigen oder gar gebieten würde ... Von sozialen Härten kann keine Rede sein (folgen Details)" (BVerfG NJW 68, 691 [692]).

5. „Dieser Unterschied rechtfertigt es, ..." (BVerfG NJW 68, 931).

6. „Als sachlicher Grund würde es schon ausreichen, daß Regelungen für Massenerscheinungen ... möglichst einfach und praktikabel gestaltet sein müssen. Hätte der Gesetzgeber ... ausgedehnt, so hätte er die Durchführung ... unverhältnismäßig kompliziert ..." (BVerfG NJW 68, 539 [543]).

7. „Abgesehen von diesen finanziellen Erwägungen, deren Berücksichtigung bei der rechtlichen Beurteilung ... legitim ist ..." (BVerfG NJW 68, 1378).
   Ebenso Dürig: Der Verfassungsrichter komme ohne den ständigen Blick auf die Folgen seines Spruches nicht aus; beispielsweise wäre es sicher eine Fehlentscheidung über den Enteignungsbegriff, wenn er den finanziellen Staatsruin bewirken würde (VVDStL 20, 115).

[51] Vgl. Horst *Rumpf*, Christ und Welt, 15. 7. 66 S. 18; ferner Kellner NJW 66, 857 (859); a. A. Czermak JuS 68, 403.

[52] VVDStL 15, 133, 172; nach dem Bericht über die Staatsrechtslehrertagung 1955 (JZ 55, 761 [763]) haben die Sympathien für Art. 19 IV mit der Häufung von Klagen nicht versetzter Schüler abgenommen.

Daß es nicht Sinn des Art. 19 IV sein kann, an Schul- und Universitätsprüfungen eine gerichtliche Superprüfung anzuhängen, liegt auf der Hand und hieße überdies von den Richtern Unmögliches fordern (Bachof, Jesch). Daß aber gegen, wenn auch selten vorkommende Fälle von Lehrer- und Prüferwillkür Art. 19 IV Individualrechtsschutz sichern will, leuchtet ebenso ein. Worum es in Art. 19 IV geht, ist die Gewährleistung einer *Mindestgarantie des „effektiven"*, nicht aber einer Garantie des *optimalen* oder *möglichst ausgedehnten*[53] Rechtsschutzes.

*Effektive Mindestgarantie* des Rechtsschutzes und *lückenloser Rechtsweg*[54] lassen sich vereinbaren, weil der Rechtsweg dem *eröffnet* ist, der behauptet, in seinen Rechten verletzt zu sein (Rechtswegeröffnung) und weil — bei genügend konkretisierter Behauptung — das Gericht *voll überprüft*, ob der Beurteilungsspielraum rechtlich fehlerfrei (insbesondere frei von Willkür) gehandhabt wurde (Rechtsschutzintensität). Art. 19 IV beseitigt für den Bürger gewissermaßen nur die ersten „Dornen" auf seinem Rechtsweg, will aber als bloßes *prozessuales Grundrecht*[55] auf Prozeßeröffnung über die „gehörige" Nachprüfungsweite der geschützten Rechtssphäre, über den rechtlich „gehörigen" Verfahrensgang also, keine Aussage treffen. Darauf wird unter dem Lichte des Grundrechtes auf *rechtliches Gehör* in der speziellen Ausprägung der VwGO zurückzukommen sein. Daher läßt sich auch nicht aus Art. 19 IV herleiten, daß diese Norm einen Beurteilungsspielraum im Prüfungswesen nicht nur zuläßt, sondern positiv *gebietet*. Nicht Art. 19 IV, sondern Art. 103 I ist die einschlägige Norm: Der nach der Struktur des Prüfungswesens *gebotene* Beurteilungsspielraum begrenzt zugleich das „gehörige" Verfahren nach Art. 103 I GG.

Auch das BVerwG sieht in Art. 19 IV nur die Mindestgarantie auf „effektiven" Rechtsschutz[56]. Diese läßt sich aber mit der Vorstellung eines gerichtsfreien Beurteilungsspielraumes zumindest[57] im Schul-

---

[53] Dazu siehe unten II 1. Das rechtliche Gehör.

[54] Nach dem BVerfG (E 8, 326 u. 13, 161) ist dies die rechtsstaatliche Forderung des Art. 19 IV GG.

[55] Vgl. *Ule,* Evangelisches Staatslexikon 1966 Sp. 1775.

[56] Vgl. die Entscheidung Bd. 5, 153 (162); vor allem Bd. 8, 272 (274): „R e c h t l i c h e Nachprüfung der Bewertungen seiner Lehrer und Prüfer wird dem Schüler und Prüfling ... jedoch zuteil"; ferner Bd. 11, 139 (140); 15, 39 (42); 15, 251 (254).

[57] Beachtlich die sonstige Zurückhaltung des BVerwG: „Der Senat hat mit dieser Rechtsprechung bereits zum Ausdruck gebracht, daß die verallgemeinernde Betrachtungsweise bei den unbestimmten Rechtsbegriffen fehl am Platze ist und erforderlich ist, aus der Eigenständigkeit des betreffenden Sachgebietes, also aus der Natur der Sache, jeweils die Grenzen zu ermitteln, welche der Nachprüfung eines unbestimmten Rechtsbegriffes gesetzt werden müssen. Bei Prüfungsentscheidungen und pädagogischen Wertungen sind die Grenzen der richterlichen Nachprüfung, wie der Senat immer wieder betont hat, verhältnismäßig eng." (BVerwGE 15, 251 [254]);

und Prüfungsrecht vereinbaren: Denn der Prüfling erhält das *Maximum möglicher Nachprüfbarkeit* (unter Wahrung eines Maximums an Arbeitsfähigkeit für Schul- und Hochschulprüfer bzw. Lehrer).

Zur immanenten Schranke der Rechtsweggarantie gehört es daher, daß sie — den Rohbau des Rechtsschutzes voll gewährend — im Ausbau und in der Intensität des Rechtschutzes jene Grenzen einhält, die der Natur der Sache (hier: dem Schul- und Prüfungswesen) ihre volle Funktionsfähigkeit beläßt.

Der Begriff „Rechtsweg" in Art. 19 IV ist folglich soweit einschränkend zu interpretieren, daß er hinsichtlich der gerichtlichen Nachprüfungs*weite* den Schul- und Prüfungsbehörden einen Beurteilungs- oder Bewertungsspielraum gestattet[58]; hierdurch wird der Prozeß nicht zur Farce, sondern gewährleistet einen genügend intensiven Rechtsschutz[59].

Diese im Wege der teleologischen Reduktion herausgestellte Lösung stimmt mit der gegenwärtigen Spruchpraxis, soweit diese einschlägig ist, überein und führt gerade durch die Behutsamkeit ihres Vorgehens zu der relativ besten Befriedungswirkung für die Rechtsordnung und zur Berücksichtigung der Allgemeininteressen in Schule und Universität.

Um dieses Vorrangs der Vermeidung einer teilweisen Funktionsunfähigkeit unseres Prüfungswesens willen bleibt ein Teil möglicher Rügen gegenüber schulischen oder wissenschaftlichen Bewertungen unüberprüfbar, es sei denn, aus dem Grundsatz des *rechtlichen Gehörs*, dem Prinzip der *Gewaltenteilung* oder aus dem *Rechtsstaatsprinzip* folgte das Postulat einer Verwerfung der Lehre vom fachlich-wissenschaftlichen Beurteilungsspielraum (dazu unten II.). Zuvor ist noch auf die Fragen einzugehen, ob das Dargelegte den Art. 19 IV zu einem Scheinrechtsweg macht und ob jegliche fachlich-wissenschaftliche Gerichtskontrolle damit ausgeschlossen ist.

### c) Gefahr eines Scheinrechtsweges?

Selbst wer bestreitet, daß die Verwaltungsgerichte schulisch-wissenschaftliche Beurteilungen nur daraufhin nachprüfen sollen, ob die Prüfer das Verfahren, die Gleichheit, die Tatsachengrundlage und die allgemeingültigen Bewertungsgrundsätze — frei von sachfremden Erwägungen — eingehalten haben, wird nicht umhin können, zunächst

---

ferner: BVerwGE 16, 116 (129): „Für die Entscheidung, ob im konkreten Fall eine Eigentumsbeschränkung vorliegt, kann es im Hinblick auf die verfassungsmäßige Garantie des Eigentums einen gerichtsfreien Beurteilungsspielraum nicht geben"; vgl. ferner die Rechtsprechungsübersicht bei H. J. Wolff VerwR I 7. A. § 31 I S. 166.

[58] Vgl. jedoch zum Verhältnis von Art. 19 IV zu Art. 103 I unten II 1 a).

[59] Dazu sogleich unten c) und d).

einmal einzuräumen, daß schon damit jedem Prüfling eine umfäng-
liche Gerichtskontrolle zuteil wird.

Ein anschaulicher Beleg dafür ist die Entscheidung des VG Hanno-
ver[60], worin es heißt:

„1. An diese Verfahrensbestimmungen hat sich der Prüfungsausschuß der
    Bekl. nicht genügend gehalten. Zwar hat er die zu bildende Durch-
    schnittsnote ermittelt. Sie liegt bei dem Zahlenwert 3,7, d. h. bei einem
    guten ‚ausreichend‘. Dennoch hat er die Gesamtleistung des Kl. als
    ‚ungenügend‘ angesehen, und zwar aus Gründen, die eine Abwertung
    nicht erkennbar rechtfertigen. Das Argument, die ungenügende Leistung
    in dem Fach Chemie werde durch die Leistungen in anderen Fächern
    nicht ausgeglichen, greift nicht durch, da bereits eine Gesamtnote
    gebildet wurde und die Prüfungsordnung nicht zwischen wichtigen und
    weniger wichtigen Fächern unterscheidet; außerdem hat der Kl. in drei
    technischen Fächern ein ‚befriedigend‘ erzielt.

2. Der Prüfungsausschuß der Bekl. hat auch gegen allgemeingültige Grund-
    sätze des Prüfungsverfahrens verstoßen . . .
    Die Berufung zum Prüfer hat zum Inhalt, daß er eine Beurteilung der
    Prüfungsleistung abgeben soll; eine Stimmenthaltung ist aber keine
    Beurteilung. Bei der Abstimmung über das Prüfungsergebnis des Kl.
    haben sich fünf Prüfer der Stimme enthalten. Unter Berücksichtigung
    der Tatsache, daß zwölf Prüfer für das Nichtbestehen und sechs Prüfer
    für das Bestehen der Prüfung gestimmt haben, scheint die Stimm-
    enthaltung zwar keinen Einfluß auf das Ergebnis der Entscheidung
    gehabt zu haben. In Wahrheit geht aber die Stimmenthaltung eines
    Prüfers in ihrer Wirkung auf die übrigen stimmberechtigten Mitglieder
    über die bloße Nichtabgabe der Stimme hinaus. Ein Prüfer, der keine
    eigene Entscheidung getroffen hat, wird sich im allgemeinen auch in
    der Abstimmungsdiskussion zurückgehalten haben. Das Bewußtsein,
    die Pflicht zur Mitentscheidung zu haben, hat eine stärkere Beteiligung
    bei der Auseinandersetzung über das Prüfungsergebnis zur Folge. Durch
    den Verlauf der Diskussion im Prüfungskollegium und das Bewußtsein
    des einzelnen Mitglieds, zur Stimmabgabe verpflichtet zu sein, kann
    das Abstimmungsergebnis, insbesondere bei einer offenen Abstimmung,
    nachhaltig beeinflußt werden. Daher ist nicht auszuschließen, daß sich
    auch dieser Mangel auf das Ergebnis und den Inhalt der Entscheidung
    ausgewirkt hat.

3. Schließlich hat die Kammer sich auch des Eindrucks nicht erwehren
    können, daß nicht allein von Sachlichkeit getragene Erwägungen die
    Beurteilung des Kl. in dem Fach Chemie und Lötrohrprobieren be-
    einflußt haben. Es ist zumindest in hohem Maße ungewöhnlich, daß ein
    Prüfer zunächst die Leistung eines Prüflings mit der Note 4,6 bewertet
    und eine Aufbesserung auf ‚ausreichend‘ für vertretbar hält, in der
    Wiederholungsprüfung aber die Unkenntnis des Prüflings in den
    elementarsten Fragen feststellt und die Note auf 5,0, d. h. auf die
    schlechteste Bewertungsziffer, senkt, gleichwohl aber dem Prüfungs-
    kollegium mitteilt, die Note auf ‚ausreichend‘ aufbessern zu wollen,
    wenn der Prüfling in dem Fach Mathematik bestehe und ein Diszplinar-
    verfahren wegen Unwissenheit in dem Fach Chemie gegen den Prüfling

---

[60] U. v. 14. 12. 67 DVBl 68, 277.

eingeleitet werde. Ein derart schwankendes und offenbar nicht nur rational begründetes Verhalten eines Prüfers ist nicht recht geeignet, um jeden Zweifel an der Objektivität seiner Beurteilung auszuräumen."

Die ausführlich wiedergegebenen Urteilsgründe sollten verdeutlichen, mit welcher Intensität die Richter selbst dann ihrem Kontrollauftrag nachgehen, wenn sie die *Bewertung* der einzelnen Examensleistung nicht überprüfen (oder überprüfen lassen). Durch die Kontrolle, ob die Tatsachen eingehalten wurden, sind im übrigen die Gerichte auch nicht auf den Kontrollbereich einer Revisionsinstanz beschränkt.

Dennoch wird dem entgegengehalten, daß damit jenen Prüflingen nicht gedient ist, die substantiiert rügen, daß ihre (schriftlich belegbare) schulisch oder wissenschaftliche Leistung unterbewertet wurde. Da auf diesem wesentlichen Teilgebiet von Examina die rechtliche Kontrolle verweigert werde, sei die *Eröffnung* des Rechtsweges insoweit *sinnlos*[61]. Dies trifft indes nicht zu:

### d) Ausschluß jeglicher fachlich-wissenschaftlicher Gerichtskontrolle?

Es bedarf nach vieljähriger Diskussion heute keines Beleges mehr, daß es bei der Bewertung von Examina jenseits von Wahrheit und Irrtum eine Streuungsbreite des Vertretbaren gibt, innerhalb derer ein Gelten- und Stehenlassen sinnvoll und geboten ist, um den Prüfern jenen, wenn auch engen Freiheitsraum zu gewähren, der aus der Färbung ihrer individuellen Wertungsvorstellungen resultiert und den man bei aller Achtung vor dem Gleichheitsgebot und dem Wunsch nach absolut objektiven Zensuren nicht abbauen kann. Diese Ungleichbehandlung ist ein Spiegelbild der natürlichen Ungleichheit der Menschen und hält sich in erträglichen Grenzen. Anders gewendet: Da kein völliger Konsens darüber herrscht, welche Bewertung allein zutrifft, können Verwaltungsgerichte und Sachverständige den Vorgang auch nicht völlig objektivieren. Das hat Knies[62] für die Bewertung von Kunstwerken eingehend begründet, und das gilt eingeschränkt auch für die Bewertung von Prüfungsleistungen, zu denen wiederum zahlreiche künstlerische Leistungen selbst zählen.

Dabei hat *Knies* zur Entschärfung des Konflikts einen Gedanken beigesteuert, der auch für die gerichtliche Kontrolle von Prüfungsleistungen von Wert ist: Soweit ein Prüfer eine nicht herrschende oder ihm nicht genehme Richtung abqualifiziere, verletze er den voll nach-

---

[61] Waltner 235.

[62] In seiner Diss. über die Schranken der Kunstfreiheit als verfassungsrechtliches Problem.

prüfbaren „allgemeinen Bewertungsgrundsatz" wonach die Prädikatisierung keinesfalls der Benachteiligung nicht herrschender Richtungen dienen dürfe.

Wo dies oder andere beachtliche Willkürbehauptungen im Schul- oder Prüfungswesen substantiiert vorgebracht werden, sollte ein Sachverständiger der Hochschule oder Schule bestellt werden. Der Verfasser sieht aber in der Beweisaufnahme in Form einer kompletten Nachbewertung der fachlich-wissenschaftlichen Bewertung durch Einschaltung von Sachverständigen eine seltene Ausnahme und befürwortet für die Regelfälle die herrschende Rechtsprechung, nämlich die Ausklammerung einer Nachbewertung in fachlich-wissenschaftlicher Sicht, gemäß der Intension des Gesetzgebers zur Verantwortung und Zuständigkeit der Prüfer und Lehrer.

Im folgenden soll nun die Intensität der Rechtsweggarantie unter dem Lichte des rechtlichen Gehörs, des Gewaltenteilungsprinzips und des Rechtsstaatsgedankens betrachtet werden.

## II. Die Intensität der Rechtsweggarantie
### im Lichte allgemeiner Strukturprinzipien der Verfassung

#### 1. Art. 19 IV GG und der Grundsatz des rechtlichen Gehörs

##### a) Das Konkurrenzverhältnis

Beleuchtet man die Frage nach der *Intensität* des Rechtsschutzes unter verschiedenen Rechtsstaatsprinzipien — wofür sich vier Grundsätze anbieten —, so sind vorweg die Konkurrenzverhältnisse zu klären.

Zunächst: Es bedarf keines Beleges dafür, daß *Rechtsweggarantie, rechtliches Gehör* und — das kann hier miterwähnt werden — *Gewaltenteilungsprinzip* als spezielle *Ausprägungen des allgemeinen Rechtsstaatsgedankens* diesen (als lex generalis) verdrängen ("Gesetzeskonkurrenz")[63, 64].

Weniger einfach ist die Abgrenzung unter den übrigen Grundsätzen. So ist sedes materiae für die gerichtliche *Nachprüfungsweite* nicht nur Art. 19 IV GG und/oder Art. 103 I GG (dazu sogleich unten), sondern auch das Gewaltenteilungsprinzip. Zwar ist die Ausstrahlung

---

[63] In Anlehnung an die von Herzog (in *Maunz/Dürig/Herzog* 31 ff. zu Art. 5 GG) aus dem Strafrecht mit Vorbehalten übernommenen Konkurrenzgrundsätze.

[64] Strittig ist, ob Art. 103 I auch aus Art. 1 I GG folgt; dafür: Maunz/Dürig 5 zu Art. 103 m. w. N.; *Arndt* NJW 59, 6; a. A. Ule DVBl 59, 541 m. w. N. (Note 33).

vom Gewaltenteilungsprinzip auf die Rechtsschutzintensität, wie die Argumentation des BVerwG bestätigt[65], zweifellos die schwächere Strömung; diese wird aber, wie der oben aufgezeigte Meinungsstreit[66] ebenfalls erbracht hat, von anderen Rechtsstaatsprinzipien keineswegs „verdrängt", sondern kreist um das quis judicabit, um das letzte Wort zwischen Behörde und Gericht.

Da folglich der „Tatbestand" *Rechtsschutzintensität* auch unter das Gewaltenteilungsprinzip fällt, so besteht insoweit „Idealkonkurrenz" mit Art. 19 IV und/oder Art. 103 I GG.

Die eigentliche Abgrenzungsschwierigkeit bietet das Verhältnis von Art. 19 IV zu Art. 103 I GG: Welche Schutzfunktionen haben diese Normen? Soweit beide Schutzfunktion für das „Rechtsgut" *Nachprüfungsweite* hätten: bei welcher Norm liegt die intensivere Schutzfunktion? Verdrängt die Norm mit intensiverer Schutzfunktion die andere kraft Spezialität oder Subsidiarität (Gesetzeskonkurrenz) oder ist das Grundgesetz hier zweifach anzuwenden (Idealkonkurrenz)?

Beide Prozeßgrundrechte[67] haben *gemeinsam*, daß sie auf *effektiven* Rechtsschutz abzielen[68]. Sie garantieren aber Verschiedenes: Nicht nur aus dem Wortlaut der Begriffsmerkmale: „... steht der *Rechtsweg offen*" einerseits und „*rechtliches Gehör*" „*vor Gericht*" andererseits, sondern auch aus dem Verhältnis, aus Sinn, Zweck und Zusammenhang der Tatbestände: Gerichts*eröffnung* und Gerichts*gehör*, nicht zuletzt auch aus der Existenz einer eigenen Grundgesetzbestimmung für den *Gerichtszugang* ergibt sich, daß Art. 19 IV nur die lückenlose *Eröffnung* des *Rechtsweges* zum Prinzip erhebt[69], während Art. 103 I demjenigen rechtliches Gehör garantiert, dessen Verfahren „vor Gericht" bereits *anhängig* ist. Das rechtliche Gehör bezweckt die „effektive" Einflußnahme im Verfahren, nicht den *Zugang* zum Gericht[70].

---

[65] Das BVerwG bringt als *unterstützendes* Argument in (E 8, 272, 274) zum Ausdruck: der gewaltenteilende Rechtsstaat verlange nicht, daß der Richter die vollziehende Gewalt in jedem Punkt prüfe.

[66] Vgl. in Teil II die Note 41 und die dort erwähnten Autoren.

[67] Nach Klein (VVDStL 8, 88) ist Art. 19 IV formelles Haupt- und Art. 103 I formelles Einzelgrundrecht; vgl. auch Maunz/Dürig 8/9 zu Art. 103 I GG. a. A. bezüglich Art. 103 I Ule DVBl 59, 541.

[68] *Lerche*, Zum Anspruch auf rechtliches Gehör, ZZP 78, 1 (16, 19); vgl. dazu den Bericht über die Zivilprozeßlehrertagung in JZ 64, 662.

[69] „Der Rechtsweg ist nur der Weg, der eine effektive Verfolgbarkeit nach Maßgabe des Art. 103 I ermöglicht" (*Lerche* a.a.O. 19).

[70] *Maunz/Dürig* 88 zu Art. 103; ebenso *Zeuner* JZ 64, 622. Zweifelnd in bezug auf die Beteiligung Dritter: *Bettermann* JZ 64, 662; ablehnend: *Baur*, Der Anspruch auf rechtliches Gehör, AcP 153, 393 (398); ders. JZ 64, 662. Ihm hält *Maunz/Dürig* (88 zu Art. 103) den bereits lückenlosen Anspruch auf *Zugang* zum Gericht durch Art. 19 IV GG, 13 GVG und durch die Verfassungsbeschwerde entgegen. Doch worauf stützt sich die Verfassungsbe-

Nach dieser Interpretation ist das Grundgesetz für die Frage der Rechtsschutzintensität nur scheinbar unter drei Gesichtspunkten anzuwenden, tatsächlich findet die Frage nur unter Art. 103 I GG und unter dem Lichte des Gewaltenteilungsprinzips ihre Beurteilung. Zwar kann Art. 19 IV keine sinnlos-leerlaufende bloße Gerichtseröffnung im Auge haben, aber er gibt nicht, wie Art. 103 I den *Anspruch,* sondern nur die *Aussicht* auf rechtliches Gehör.

Garantiert Art. 19 IV nur die gerichtliche *Nachprüfbarkeit* überhaupt und allein Art. 103 I die *Nachprüfungsweite,* so hat Art. 103 I, der die Schutzfunktion für dieses „Rechtsgut" übernimmt, als die speziellere Vorschrift den Vorrang, steht aber in Idealkonkurrenz mit dem Gewaltenteilungsprinzip.

Die Frage des Beurteilungsspielraumes bei der gerichtlichen Nachprüfung von Schul- und Prüfungsentscheidungen ist also letztlich eine Frage des wirklichen Funktionierens des Art. 103 I GG, die im folgenden behandelt wird, wobei auch unter Zuerkennung eines Beurteilungsspielraumes die neuralgischen Punkte bei der Akteneinsicht bzw. -vorlage, bei den Beweisanträgen der Prüflinge einerseits und bei der genügenden eigenen Sachkunde des Gerichts andererseits liegen.

### b) Gerichtliches Gehör und gerichtsfreier Beurteilungsspielraum

Auch unter dem Blickwinkel des Anspruches auf *gerichtliches* Gehör bleibt die bloße Verschiedenbewertung innerhalb des den Prüfern gewährten Beurteilungsspielraumes injustiziabel. Gehör findet nur die Rechtsverletzungsbehauptung einer sachfremden, somit *willkürlichen* Bewertung einer Prüfungsarbeit. Die Achtung der Subjektrolle des Prüflings in seinem Prozeß[71] bleibt gewahrt: zur offensiven Ausübung

---

schwerde eines Beteiligten im *ordentlichen* Verfahren, der als Betroffener Zugang zum Gericht beansprucht? Nach Baur kann sie sich nicht auf Art. 19 IV, sondern nur auf Art. 103 I stützen. Nun leitet auch das BVerfG in ständiger Rechtsprechung (zuletzt JZ 67, 443 m. w. N.) unmittelbare Anhörungspflichten für bislang am (eröffneten) Verfahren nicht beteiligte Betroffene ab, was für diesen Personenkreis erstmaligen *Zugang zum Gericht* bedeutet und dafür spräche, daß neben Art. 19 IV GG auch Art. 103 GG einen Anspruch auf *Zugang zum Gericht* gewährt. Das ist aber keine Frage der *Rechtswegeröffnung,* denn die *Einschaltung* und Anhörung eines betroffenen Beteiligten setzt begrifflich ein eröffnetes Verfahren voraus, sondern eine Frage des Begriffes und Personenkreises „jedermann" (vgl. *Maunz/Dürig* 91 zu Art. 103). Man muß unterscheiden zwischen *Verfahrensanstoß* und *Einschaltung* von Drittbeteiligten. In beiden Fällen folgt der *Anspruch auf Gehör* (Art. 103 I) aus dem vorhergegangenen *Anspruch auf Eröffnung des Rechtsweges* (Art. 19 IV) — wer immer diesen durchgesetzt hat —, und nicht umgekehrt aus einem Anspruch auf Gehör ein weiterer auf Eröffnung eines Gerichtsweges (vgl. dazu *Lerche* JZ 64, 662; a. A. offenbar *Schlosser,* Urteilswirkungen und rechtliches Gehör, JZ 67, 431 [432]).

[71] BGH NJW 68, 354; Maunz/Dürig 6 zu Art. 103; Arndt NJW 59, 1300.

seines Gehöranspruchs kann er vorteilhafte Tatsachen und Beweismittel vorbringen[72], Anträge stellen[73], in gewissem Umfang Akteneinsicht und -vorlage verlangen (dazu sogleich unten) und hat — ganz allgemein — Anspruch auf ein „gehöriges" Verfahren, auf prozessuale Fairneß[74].

Im Zusammenhang mit dem Anspruch auf *rechtliches Gehör* steht das Problem der *Einsicht* bzw. der Vorlagepflicht bei Prüfungsakten[75]. In Rechtsprechung und Lehre wurden dazu folgende Fragen behandelt[76].

### aa) Zur Einsicht und Vorlagepflicht bei Prüfungsakten

Sind Prüfungsakten ihrem Wesen nach geheim? Oder ist zu unterscheiden zwischen schlichter Prüfungsleistung, Abschlußvotum (beides nicht geheim) und Randvermerken (geheim)? Gegebenenfalls: Ist schon im Vorverfahren Einsicht oder Teileinsicht zu gewähren?

Was die letzte Frage anlangt, so steht, da im Prüfungs- und Schulwesen besondere Vorschriften fehlen, die Einsicht in Akten im *Ermessen* der Behörden[77], die manchen Prozeß vermeiden, indem sie von vornherein nicht den Eindruck entstehen lassen, sie wollten unbequemen Folgen ausweichen[78]. Dabei brauchen sie sich jedoch weder einer unzumutbaren Belastung noch einem Ausforschungsversuch auszusetzen[78]. Im übrigen wird das Ermessen unterschiedlich gehandhabt[79].

---

[72] Maunz/Dürig 30 zu Art. 103.

[73] BVerfGE 6, 19 (20).

[74] *Baring* DRiZ 66, 366; d. h. der Kläger soll mit allen ihm zu Gebote stehenden Angriffs- und Verteidigungsmitteln zum Zuge kommen (Ule, Verwaltungsprozeßrecht 4. A. § 30 S. 94).

[75] Im Zusammenhang deshalb, weil das Gericht seiner Sachaufklärungspflicht (§ 86 I VwGO) ohne Vorlage der Akten (§ 99 VwGO) nicht genüge und die Auswertung der Akten ohne Äußerung (also Einsicht) des Klägers hierzu gegen den *Gehöranspruch* verstieße (§§ 108 II, 100 VwGO); BFH NJW 67, 2379 (2380); Redeker/v. Oertzen VwGO 2 zu § 100; vgl. auch BVerfG MDR 65, 546 und BVerwGE 7, 153 (159); 26, 234; Mampe, Rechtsprobleme im Schulwesen, Berlin 1965 S. 143.

[76] Vgl. die jüngste Übersicht zum Thema Einsicht in Prüfungsakten in JuS 68, 584 und 69, 46: I. *v. Münch*, Zur Offenlegung der Prüfungsakten.

[77] Str. aber h. M. BVerwGE 12, 303; 19, 128; OVG Münster JZ 66, 77; H. J. *Wolff* VerwR III 2. A. 1967, 243 § 156 IV e; Haueisen DVBl 66, 776; a. A. *Menger* VerwArchiv Bd. 56 1965, 178 (180); *Ule*, Festschrift f. Heymanns-Verlag, 1965 S. 65 ff. m. N., ferner die in der Übersicht JuS 68, 585 Genannten.

[78] Vgl. Münster OVGE 14, 202 (205); H. J. Wolff a.a.O.

[79] Vgl. dazu I. *v. Münch*: Zur Offenlegung der Prüfungsakten im ersten und zweiten Staatsexamen JuS 69, 46: Im allgemeinen würden die Arbeiten anhand der Schlußbeurteilungen und *Randvermerke* (!) mit dem Prüfling besprochen, bei anderen Prüfungsämtern würden die Beurteilungen als geheim gelten. Volle Einsicht werde nur vereinzelt gewährt, etwa in Berlin; hier bestimmt § 20 JAG: „Im Falle eines Verwaltungsrechtsstreites sind die

Zu der ersten Frage, ob Prüfungsakten — ohne nach dem Inhalt zu unterteilen — ihrem Wesen nach geheim sind und daher weder nach § 99 VwGO vorzulegen noch nach § 100 VwGO einsehbar sind, gehen die Ansichten auseinander[80]. Dazu wird man sagen dürfen:

1. Es entspricht dem Gedanken eines vom Gericht zu achtenden Beurteilungsspielraumes für die Prüfer und Lehrer eher, wenn das Gericht zunächst einmal sie vernimmt (was häufig zur Klärung führt), anstatt generell und sofort die Prüfungsakten herbeizuziehen[81].

2. Erst wenn hiernach hinreichend *konkrete* Anhaltspunkte für nachprüfbare Mängel *unaufgeklärt* bleiben — eine etwaige Ausforschung frei erfundener oder nicht substantiierter Behauptungen (Einsicht zur bloßen Materialsammlung)[82] also entfällt —, wird das Interesse an der Wahrheitsfindung und der Anspruch auf gerichtliches Gehör gegenüber der Notwendigkeit vertraulicher Behandlung von Prüfungsvorgängen (§ 99 I 2 VwGO) überwiegen.

3. Daß dabei die Unabhängigkeit der Prüfer und Lehrer gefährdet wird — man braucht nur das Stichwort „Massenmedien" zu erwähnen —, ist nicht zu bestreiten[83], muß aber in Grenzfällen in Kauf

---

ganzen Prüfungsvorgänge dem Verwaltungsgericht vorzulegen." — Unterschiedlich ist auch die Einsicht in Schulunterlagen; vgl. dazu G. *Mampe*, Rechtsprobleme im Schulwesen, Berlin 1965 S. 125 ff.

[80] *Für Geheimhaltung:* BVerwGE 14, 31; 15, 267; 19, 128; Hess. VGH JZ 64, 763; Bad.-Württ. VGH ESVGH 14, 142; *Mampe*, Rechtsprobleme im Schulwesen, Berlin 1965, 138.

*Gegen Geheimhaltung:* BFH NJW 67, 2379; OVG Koblenz DÖV 63, 553; aufgehoben durch BVerwGE 19, 128; OVG Koblenz NJW 68, 1899; *Menger/ Erichsen* JZ 64, 766; *Menger* VerwArchiv Bd. 56 1965, 178 ff.; *Redeker/ v. Oertzen* a.a.O. 6 zu § 99; *Heckel/Seipp*, Schulrechtskunde 2. A. 1960, 290: Geheimhaltung widerspreche dem Geist einer rechtsstaatlichen Schule, unsachliche Kritik müsse zur Wahrung des Vertrauens zwischen Elternhaus und Schule in Kauf genommen werden; ferner *Pöttgen* RWS 62, 293; *Czermak* DÖV 62, 504.

[81] Vgl. BVerwGE 14, 31; 19, 186; Hess. VGH JZ 64, 763.

[82] Vgl. BVerwGE 7, 153 (159); 19, 186.

[83] VGH Hessen JZ 64, 763 (764): „Werden nun solche Wertungen durch Vorlage der Prüfungsakten den davon betroffenen Prüflingen zur Kenntnis gebracht, so wird diese *Kenntnis häufig zum Anlaß einer sachlich* nicht zu rechtfertigenden Kritik genommen werden, an die *sich unter Umständen noch eine öffentliche Erörterung in der Presse anschließt:* Eine solche unsachliche Kritik und deren Verbreitung ist insbesondere dann zu erwarten, wenn der Prüfer ein ungünstiges Urteil über den Prüfling abgegeben und es im einzelnen noch begründet hat. Die Folge dieser dann in aller Öffentlichkeit geführten Kritik würde sein, daß die Prüfer sich in ihren Entscheidungen gehemmt fühlen und ungünstige Formulierungen, die an sich gerechtfertigt wären, zu vermeiden suchen, um späteren Unzuträglichkeiten aus dem Wege zu gehen. Damit würde aber eine unbeeinflußte und sachgemäße Beurteilung der Prüfungsleistungen gefährdet. Diese *innere Freiheit und Unabhängigkeit des Prüfers wird auch dann gefährdet, wenn die*

genommen werden, bei denen ohne Vergleich zwischen *Prüfungs-leistung* und *Prüfungsbeurteilung* die — wenn auch nur einge-schränkte — Nachprüfung, ob Willkür oder etwa Verletzung allge-meingültiger Bewertungsgrundsätze vorliegt, *unmöglich wäre*[84].

4. Für den Umfang der Bewertungs-*Begründung* genügen die tragen-den Erwägungen (die wesentlichen Bewertungsfaktoren); eine Ein-zelbewertung zu jedem Fehler würde die Begründungspflicht über-spannen.

5. Zwischenergebnis: Prüfungsakten sind ihrem Wesen nach geheim, jedoch tritt das Geheimhaltungsinteresse in — anders nicht auf-klärbaren — Ausnahmefällen zurück mit der Folge, daß dem Ge-richt die *reine Prüfungsleistung* und das dazugehörige *Abschluß-votum* vorzulegen ist. Damit bleibt noch übrig, zu prüfen, wie es mit den *Randvermerken*, bloßen *Bewertungshinweisen* und *Be-ratungsprotokollen* bezüglich Vorlage und Einsicht steht:

6. Wenngleich auch *Randnotizen* nicht immer sachgemäß sein wer-den[85], so kommt es doch einer Ausforschung nahe, wenn sich ein Prüfling nicht mit *Zeugenvernehmung, Einsicht* in den Text seiner *Prüfungsarbeit* und in die *Schlußbegründung* begnügt, sondern zu-sätzlich den Urkundenbeweis etwaiger sachfremder Randvermerke beantragt[86].

7. Denn Randnotizen haben rein vorbereitenden Charakter[87] und las-sen als Vorgänge innerer Meinungsbildung offen, welche Erwägung letztlich für die Prüfer maßgebend war[88]. Es muß ihnen gestattet sein, ihre Vermerke und Notizen frei von späteren Prozessen an-bringen zu können[89]; *verbindlich ist allein ihre Schlußbegründung.*

---

*Möglichkeit eröffnet wird, daß der Prüfungskandidat über seine sämtlichen schriftlichen Arbeiten private Gutachten einholt und damit in die Lage versetzt wird, öffentlich kundzutun, daß er zu Unrecht das Examen nicht bestanden habe"* (Hervorhebungen v. Verf.).

Ebenso *Rentzsch* Anm. zu BVerwGE 14, 31; RWS 62, 307 (308); vgl. auch BVerwGE 19, 186.

[84] Vgl. BFH NJW 67, 2379 (2380); OVG Koblenz DÖV 63, 553 und NJW 68, 1899 = JZ 68, 562 m. Anm. d. Red. = JuS 68, 585 m. Anm. („We").

[85] Unterstellt von: BFH a.a.O.; OVG Koblenz NJW 68, 1889 (1900) und (hypothetisch) VGH Bad.-Württ. ESVGH 14, 142.

[86] Stattgegeben in BFH a.a.O. und OVG Koblenz NJW 68, 1899 (1900).

[87] Vermerkt z.B. der Prüfer am Rande, daß ein wichtiger Gesichtspunkt fehlt, bringt ihn der Prüfling jedoch an anderer Stelle, dann ergibt sich nicht aus dem Randvermerk, sondern erst aus der Abschlußbeurteilung, wie weit nach Ansicht des Prüfers dieser Aufbaufehler ins Gewicht fällt.

[88] BVerwGE 14, 31 = NJW 62, 1123 (1124).

[89] „Dies folgt aus der Notwendigkeit, die Unbefangenheit und Unabhängig-keit des Prüfers zu schützen und das Prüfungsverfahren praktikabel zu gestalten; denn beides ist nur gewährleistet, wenn der Prüfer darauf

So ist es auch ein gewohnheitsrechtliches Prinzip, das seinen guten Sinn hat, daß zwar das *Ergebnis*, nicht aber der *Hergang* und die *Vorbereitung* einer *Beratung* offenzulegen ist[90].

8. Fazit: Prüfungsakten sind ihrem Wesen nach geheim. Damit wird nicht der Anspruch auf *gerichtliches Gehör* verletzt, sondern *nur ein bestimmtes Beweismittel grundsätzlich ausgeschlossen*. Denn ein begründet vorgetragener Verdacht wird sich durch *Vernehmung der beteiligten Prüfer* (nicht nur eines einzigen), in Ausnahmefällen — unter Hintanstellung des Geheimhaltungsinteresses — durch Vorlage der *reinen Prüfungsarbeit* und der *Abschlußbegründung* klären lassen[91]. *Jede weitergehende Offenlegung zerstört den für das Funktionieren des Prüfungswesens unabdingbaren Restbestand schützenswerter und vertraulicher Behandlung der individuellen Arbeitsweise eines Prüfers.*

### bb) Beweisanträge und eigene Sachkunde des Gerichts

Soeben wurde beiläufig erwähnt, daß der Ausschluß eines unter mehreren Beweismitteln nicht gegen Art. 103 I GG verstößt. Dies bedarf indes noch näherer Erörterung.

Müßte ein Gericht Beweisanträge nur *anhören*, nicht auch ernsthaft *erwägen*[92] und *gehörig* beantworten, so wäre das Recht auf *Gehör* in-

---

vertrauen kann, daß Einzelheiten über Art und Umfang seiner Einflußnahme auf die Prüfungsentscheidung nicht nach außen dringen. Hierzu gehört insbesondere, daß mehr oder weniger ‚ins Unreine‘ formulierte Stellungnahmen im internen Kreis der Prüfungsbeteiligten, für den sie ausschließlich bestimmt gewesen sind, verbleiben" (OVG Koblenz NJW 68, 1889 (1900).

„Es ist eine Erfahrungstatsache, daß nicht alle Prüflinge und ihre Angehörigen in eigener Sache objektiv zu sein und einer negativen Kritik von Prüfungsarbeiten das nötige Verständnis entgegenzubringen vermögen. Der Prüfer soll unbeschwert und seinem unmittelbaren Eindruck entsprechend seine Bemerkungen anbringen und Gutachten verfassen, ohne durch die Vorstellung gehemmt zu sein, jede einzelne Äußerung und Redewendung in einem späteren Prozeß motivieren und rechtfertigen zu müssen" (VGH Bad.-Württ. ESVGH 14, 142 [143]).

[90] Vgl. BVerwGE 19, 128; Mampe, Rechtsprobleme im Schulwesen 140.

[91] a. A. OVG Koblenz NJW 68, 1899 (1900) mit folgender Begründung: Der Kläger habe substantiiert vorgetragen, daß (nach Äußerungen anderer Prüfer) der Vorsitzende unzulässig eingegriffen habe, was aus *Randvermerken* hervorgehen müsse. Da ausgerechnet diese Französisch-Arbeit nicht vorgelegt wurde, habe sich für das Gericht der Verdacht bestärkt. Es benötige die Prüfungsakten, um den Zeugen zweckdienliche Fragen stellen zu können. Dazu ist zu sagen: Eben diese Zeugenvernehmung könnte Klärung ohne die Prüfungsakte — zumindest ohne Randvermerk etc. — ergeben, denn das OVG sagt selbst, daß der Prüfling die Äußerungen der Prüfer möglicherweise mißverstanden habe.

[92] Ebenso BVerfGE 14, 323.

soweit ohne Sinn. Art. 103 I unterstützt daher auch die „schützenden Formen" des Prozeßrechtes[93], beispielsweise die Pflicht, die *Ablehnung* eines Beweisantrages gemäß § 86 II VwGO zu *begründen*. Wird der Antrag sachlich (nicht notwendig richtig) beschieden, so ist dem „Minimum an rechtlichem Gehör"[94] genügt, d. h. die fehlerhafte Ablehnung verstieße nur bei einem *eklatanten Ermessensmißbrauch* — etwa bei (in der Revision festgestellten)[95] Fehlen eigener Sachkunde des Gerichts — gegen Art. 103 I[96].

Daher ist *Maunz-Dürig*[97] nur in der Tendenz, nicht ausnahmslos[98] rechtzugeben, daß Art. 103 I keine Konsequenzen für die Beweisaufnahme einschließlich ihrer Einleitung (Anträge) und Beweiswürdigung hat[99]. Vielmehr besteht die Verbindungslinie zu der *Unrechtsabwehrtendenz*[100] des Art. 103 I darin, daß das Gericht das *Recht auf Gehör* verletzt, wenn es Beweisanträge ablehnt, die zum *gehörigen* Procedere unerläßlich gewesen wären; konkret und zugleich auf das Prüfungswesen gewendet: wenn es ablehnt, einen Sachverständigen über die Bewertung einer Examensarbeit anzuhören, ohne die *erforderliche* Sachkunde für die Relevanz dieses Beweisantrages zu besitzen[101].

*Erforderlich* ist aber nur — das ist im Interesse eines wirklichen Funktionierens des Schul- und Prüfungswesens nochmals zu betonen —, daß das Verwaltungsgericht den *Grenzverlauf zwischen Beurteilungsspielraum und Willkür* erkennen kann und nur bei konkreten Anhaltspunkten für sachfremde, willkürliche Bewertungen Sachverständigengutachten als relevant zuläßt bzw. verwertet.

Dies ist keine Verkürzung des rechtlichen Gehörs, sondern folgt aus der inneren Sachgerechtigkeit des Schul- und Prüfungswesens, zu dem

---

[93] Eberhard *Schmidt* JZ 65, 733.

[94] BVcrfGE 7, 53.

[95] Vgl. BGH JZ 59, 130.

[96] Hans *Dahs*, Das rechtliche Gehör im Strafprozeß 1965, 14; E. *Schmidt* a.a.O.; ebenso *Eyermann/Fröhler* (30 zu § 86): Die Verletzung richterlicher Aufklärungspflicht bedeutet nicht ohne weiteres einen Verstoß gegen den Grundsatz des rechtlichen Gehörs.

[97] GG 73 zu Art. 103.

[98] Ebenso *Arndt* NJW 59, 1298.

[99] Vgl. allerdings BVerfGE 1, 429: Aus Art. 103 I folge kein Recht auf bestimmte Beweisregeln; BVerfG NJW 59, 6 Anm. 6 im Auszug: Der Anspruch auf rechtliches Gehör beinhalte nicht das Recht auf Beweisaufnahme über eine bestimmte Tatsache. Aber damit ist nichts zu einer etwaigen willkürlichen Ablehnung eines Beweisantrages gesagt.

[100] Vgl. dazu *Baur* AcP 153, 393 (402); *Röhl* NJW 58, 1268; *Schlosser* JZ 67, 432.

[101] Vgl. dazu den Hinweis von *Lerche*: Es dürfte „unter dem Lichte des Art. 103 I GG ... interessieren, in welchem Maße, in welcher Weise und von welchen Stellen sich der Richter Fachgutachten und andere technische Unterstützung im schriftlichen Verfahren besorgt" (Zum Anspruch auf rechtliches Gehör, ZZP 78, 1 [31 Note 76]).

ein eigenverantwortlicher, gerichtsfreier *Beurteilungsspielraum* der Prüfer und Lehrer gehört, welcher mit dem Anspruch auf gerichtliches Gehör abgestimmt werden muß[102].

## 2. Rechtsweggarantie und Gewaltenteilung

### a) Die Erhaltung der Substanz des Rechtsschutzes

Es fragt sich nunmehr, ob das vorerwähnte Ergebnis, wonach Art. 19 IV einen Beurteilungsspielraum zuläßt, nicht nur im Hinblick auf Art. 103 I, sondern auch im Lichte des Prinzips der Teilung der Gewalten (im Sinne von Art. 20 II GG[103]) bestehen kann.

Nach der Rechtsprechung des BVerfG[104] besagt dieses Prinzip verschiedenes:

1. tragendes Organisationsprinzip des Grundgesetzes;
2. Trennung von Gesetzgebung, Verwaltung und Justiz;
3. Weisungsfreiheit und Unabhängigkeit der Richter;
4. wechselseitige Kontrolle und Begrenzung der Gewalten, um sie zu mäßigen und die Freiheit des einzelnen zu schützen;
5. Ineinandergreifen der drei Gewalten;
6. Zulässigkeit gewisser Überschneidungen, Gewaltenverschränkungen und -balancierungen.

Das Bundesverwaltungsgericht folgert hierzu einerseits, die Gewaltenteilung offenbare sich gerade dann, wenn das Gericht sein Urteil an die Stelle des Urteils der Behörde setze[105], andererseits betont es, daß der gewaltenteilige Staat gerade nicht die Nachprüfung in jedem Punkte, sondern das Miteinander der Gewalten verlange[106].

Dazu ist zu sagen: man kann beides behaupten und wird doch noch kein Abgrenzungskriterium für das „magische Dreieck" Rechtsweggarantie — Beurteilungsspielraum — Gewaltenteilung erhalten. Klärend erscheint vielmehr folgendes:

Unstreitig soll die Gewaltentrennung die Gewalten begrenzen[107]. Dies aber nicht aus technischen, arbeitsteiligen Gründen[108] oder um eine

---

[102] Vgl. auch BVerfGE 9, 95.
[103] Vgl. unten Note 122.
[104] BVerfGE 3, 247; 3, 381; 4, 346; 7, 188; 9, 279; 10, 216; 12, 186.
[105] BVerwGE 5, 153 (162).
[106] BVerwGE 8, 272 (274).
[107] *Maunz/Dürig* R 78 zu Art. 20 II; *Imboden* a.a.O. 37.
[108] So *Czermak* DÖV 67, 674; *Kratzer* BayVBl 62, 293.

schnurgerade Trennung in Funktionsbereiche zu erzielen, sondern zum Schutze der individuellen Freiheit[109]. Da aber bei Zuerkennung des beschriebenen, behutsam begrenzten Beurteilungsspielraumes die *Substanz* der richterlichen Gewalt und damit der *Schutz des einzelnen* nicht ausgehöhlt, sondern erhalten bleiben, läßt sich aus dem Gewaltenteilungsprinzip keine Verwerfung des Beurteilungsspielraumes postulieren.

Bedenken hätten sich nur dann ergeben, wenn man auf diese Weise etwaige Willkür fachlich-wissenschaftlicher Leistungsbewertungen mit dem Mantel des Beurteilungsspielraums zudecken könnte. Doch gerade die Verletzung des Gleichheitssatzes und die Anstellung sachfremder Erwägungen werden, wie schon dargelegt[110], von der Rechtsprechung voll nachgeprüft[111].

### b) Selbstkontrolle der Verwaltung

Hinzukommt, daß im modernen Rechtsstaat das Widerspruchsverfahren, ausgestattet mit Anhörung, voller fachlicher Nachbewertung von Schulleistungen durch die nächsthöhere Behörde und Suspensiv-Effekt, dem Gerichtsverfahren angenähert ist, so daß bei substantiiert begründeten Rügen in der Regel schon das Kontrollsieb der Exekutive Abhilfe schafft.

So ist es von jeher üblich gewesen — was für sich allein allerdings kein Argument wäre —, daß die Eltern versagender Schüler zunächst bei der Schulaufsicht beantragen, etwaige auf fachlicher oder persönlicher Unzulänglichkeit beruhende Fehler des Lehrers zu berichtigen. Spannungen zwischen Lehrer und Schüler finden damit ihren quasi schiedsrichterlichen Ausgleich.

Es ist auch nicht von ungefähr, daß in der Lehre einhellig vor einer Überschätzung des Gerichtsschutzes gewarnt wird und auf die umfassende Filterwirkung einer *orts- und sachnäheren, rascheren* und *weniger künstlichen Selbstkontrolle der Verwaltung hingewiesen wird*[112].

---

[109] *Scheuner* a.a.O. 267.

[110] Vgl. oben Teil I Kap. IV: Willkür und Beurteilungsspielraum.

[111] BVerwGE 8, 272; OVG Münster DVBl 59, 72; Beschl. d. BVerwG v. 23. 2. 62 Sammlung *Buchholz* 421.0 Nr. 14; U. d. BVerwG v. 14. 6. 63 Sammlung *Buchholz* 421.0 Nr. 23.

[112] Vgl. *Lerche*, Die Grundrechte a.a.O. 513; *Obermayer* VVDStL 18, 144 (167) 1960; *Ridder* DÖV 57, 511; *Ule*, VerwProzeßrecht 4. A. § 23 S. 78; *Wolff* VerwR III 2. A. §§ 156 I (S. 231), 161 I 2 b (S. 291), 168 V (S. 362); vor allem *Imboden*, VVDStL 18, 113 (136) 1960: Der Plan als verwaltungsrechtliches Institut. Der Rechtsstaat gehe nicht im Anliegen nach verwaltungsexterner justizförmiger Kontrolle auf, sondern mache, um Willkür zu unterdrücken, auch Sicherungen innerhalb der Verwaltung notwendig.

### 3. Rechtsweggarantie und Rechtsstaatsprinzip

## a) Problemstellung

Es stellt sich schließlich noch die Frage, ob jenes Ergebnis teleologischer Auslegung, wonach Art. 19 IV bei Prüfungs -und Schulentscheidungen einen (durch allgemeingültige Bewertungsgrundsätze und das Willkürverbot) begrenzten Beurteilungsspielraum zuläßt, mit dem Gegenwartsverständnis von Begriff, Wesen und Inhalt des Rechtsstaates im Sinne des Grundgesetzes im Einklang steht[113].

Zunächst soll nach dem Verhältnis zwischen Art. 19 IV und dem Rechtsstaatsprinzip gefragt werden, und zwar dahin, ob Art. 19 IV zu den Prinzipien bzw. *Essentialien* des Rechtsstaates gehört oder lediglich als eine *Verstärkung* der allgemeinen Rechtsstaatlichkeit aufgefaßt werden kann, ohne an einer irgendwie konstruierten[114] Unabänderlichkeitssperre über Art. 79 III GG in Verbindung mit Art. 20 III GG teilzunehmen.

Ein solches Unterfangen stößt auf die Schwierigkeit erheblich divergierender Auffassungen, stößt auf die Tatsache, daß am Gebäude des Rechtsstaatsbegriffes ständig weitergebaut wird, wobei die Baumeister — gerade im Hinblick auf Art. 19 IV — in bezug auf tragende und nichttragende Säulen uneinig sind. Dennoch lassen sich einige Leitlinien des Bildes vom Rechtsstaat ziehen.

---

Ebenso Walter *Burckhardt*, Die Verwaltungsgerichtsbarkeit in der schweizerischen Eidgenossenschaft, Zeitschrift für die gesamte Staatswissenschaft, Bd. 90 (1931), S. 248: „Wenn es gelingt, dem Verwaltungskörper Kontrolleinrichtungen einzubauen, welche die Gesetzmäßigkeit und die Folgerichtigkeit der Verwaltungspraxis sicherstellen, ohne der Einheit der Verwaltung und der Offizialmaxime Abbruch zu tun, ist dieses Mittel dem immer etwas künstlichen Mittel der Verwaltungsgerichtsbarkeit vorzuziehen."
Deutlich mahnt auch *Forsthoff*, wenn er (in VVDStL 18, 202) sagt: „Ich habe immer wieder das ungute Gefühl, daß der heutige Justizstaat bei der Verwaltung eine gewisse Gleichgültigkeit in der Beurteilung der Rechtsfragen begünstigen könnte, dahingehend, daß mit der Verwaltungsklage ja doch gerechnet werden müsse und es dem Verwaltungsgericht überlassen sei, zu entscheiden, was schließlich rechtens ist. Daß zur Wahrung des Rechts der Verwaltungsbeamte zunächst einmal und zwar genau so berufen ist wie der Verwaltungsrichter, sollte oberster Leitgedanke aller Verwaltung sein und bleiben."

[113] Diese Frage stellt sich unbeschadet des Konkurrenzverhältnisses von Art. 19 IV zu 103 I GG.

[114] Nach *Klein* (VVDStL 8, 124) ist ein genereller Ausschluß des Rechtsweges schon über Art. 1 III, 79 III GG unzulässig; vgl. dagegen *Abendroth* (ebd. 161): In Art. 79 III stehe bewußt: „Art. I *und* 20 GG."

### b) *Begriff, Wesen und Inhalt des Rechtsstaates*

Wenngleich das Prinzip der Rechtsstaatlichkeit inzwischen eine Fülle von Einzelausprägungen erfahren hat, wird doch Scheuner[115] allgemeine Zustimmung finden, wenn er Wesen und Begriff des Rechtsstaates in der rechtlichen Bindung aller öffentlichen Machtausübung zum Schutze der persönlichen und politischen Freiheit des einzelnen sieht.

Das BVerfG zählt dabei zur Rechtsstaatlichkeit insbesondere die Grundsätze der materiellen Gerechtigkeit(1), der Rechtssicherheit und des Rechtsfriedens (2), der Bindung des Gesetzgebers an die verfassungsmäßige Ordnung (3), der Bestimmtheit, Normklarheit und Justiziabilität von Gesetzen (4), der Gesetzmäßigkeit der Verwaltung (5), der Verhältnismäßigkeit und des Übermaßverbotes (6), des Willkürverbotes (7), daß niemand in eigener Sache Richter sein könne (8), des *rechtlichen Gehörs* (9) und den Grundsatz eines *möglichst lückenlosen Gerichtsschutzes* (10)[116].

Während in der Lehre Einigkeit besteht, daß — bisher nicht genannt — die Gewährung individueller Grundrechte und die Teilung der Gewalten zu den Prinzipien des Rechtsstaates zählen[117], ist *zweifelhaft*, ob der vom BVerfG geforderte möglichst *lückenlose* Gerichtsschutz zu den *Essentialien* dieses Prinzips gehört.

### c) *Ist Art. 19 IV eine der Essentialien oder nur eine Verstärkung des Rechtsstaates?*

### aa) Auffassungen des BVerfG und der Lehre

Möglicherweise sieht das BVerfG in Art. 19 IV einen *tragenden* Pfeiler des Rechtsstaates: Es vertritt nämlich die Ansicht, daß Art. 19 IV (neben den Art. 20 III, 1 III und 28 I 1 GG) zu jenen Normen gehöre,

---

[115] Der einen Überblick über die Geschichte des Rechtsstaates vorausschickt in: Die neue Entwicklung des Rechtsstaates a.a.O. 250/262; ebenso Ernst-Rudolf *Huber*, Nationalstaat und Verfassungsstaat, Stgt., 1965, 253: „Schutz der Persönlichkeit."

[116] (1) Bd. 7, 92; 11, 72; 23, 12 (24).
    (2) 2, 403; 3, 237; 7, 92; 7, 196; 23, 32.
    (3) 1, 233.
    (4) 1, 45; 17, 82; 20, 215; 20, 261; 21, 79.
    (5) 20, 157.
    (6) 10, 117; 19, 349; 20, 198; 23, 272.
    (7) 23, 373.
    (8) 3, 381.
    (9) 9, 98.
    (10) 8, 326; 13, 161.

[117] Vgl. *Maunz/Dürig*, GG, R 70 und 74 zu Art. 20 GG; *Hesse*, Grundzüge 74.

deren Zusammenschau ergebe, daß das Rechtsstaatsprinzip eine Leit-
idee des Verfassungsgebers gewesen sei[118].

Während jedenfalls das BVerfG[119] und eine Reihe von Autoren[120]
einen möglichst lückenlosen Rechtsschutz zu den Rechtsstaatsprinzipien
zählen, sieht *Benda*[121] gerade nicht die lückenlose gerichtliche Nachprüfbarkeit, sondern die Bindung der vollziehenden Gewalt an Gesetz
und Recht, mithin nicht Art. 19 IV, sondern Art. 20 III als *sedes materiae* für den Rechtsstaatsgedanken[122]: Beide Dinge seien nicht zwingend
identisch; man könne nicht allgemein und uneingeschränkt behaupten,
daß Rechtsbindung ohne gerichtliche Nachprüfbarkeit nicht gedacht
werden könnte.

Auch *Dürig*[123] betont, daß sicherlich ein *kontrollfähiger Rechtsschutz*
essentiell für den Rechtsstaatsbegriff sei; das müsse aber nicht stets
*Gerichtsschutz* sein.

### bb) Insbesondere: Gefahr eines Rechtswegstaates

Werner *Weber*[124] vertritt die Ansicht, daß der durch Art. 19 IV ge-
schaffene „Rechtswegstaat" den Aufbau der gerichtlichen Klage-
möglichkeiten überziehen würde.

Nach *Hesse*[125] dagegen sichert gerade Art. 19 IV den Primat des
Rechts und die Bindung der staatlichen Gewalten an Verfassung und
Gesetz.

Gegen Hesse läßt sich einwenden, daß auch umgekehrt eine zu starke
Betonung des Individualrechtsschutzes der Befriedungswirkung unserer staatlichen Ordnung abträglich sein kann. Denn der Staat kann
auch zugrunde gehen, wenn über dem Rechtsschutzinteresse des einzelnen der Staatsgedanke vergessen wird (Walter *Jellinek*)[126, 127].

---

[118] BVerfGE 2, 380.

[119] Siehe Teil II Noten 54 und 116.

[120] *Maunz*, Staatsrecht, 16. Aufl. 1968 S. 66; *Giese/Schunck*, GG 7. Aufl.
1965 S. 76; *Hamann*, GG 2. Aufl. 1960 S. 20; a. A. Hans J. *Wolff*, Verwaltungsrecht I 7. Aufl. 1968 S. 54, damit den „Rechtswegestaat" beklagend.

[121] BRat 326. Sitzung 14. 6. 68 S. 146 „Telefonabhör-Gesetz".

[122] Der Frage, ob sedes materiae für das Rechtsstaatsprinzip Art. 28 I 1
(so *Ule* DVBl 63, 475) oder Art. 20 III (so BVerfG) oder beide Artikel (so
*Wertenbruch* a.a.O. 488/489) sind, muß für diese Untersuchung nicht nachgegangen werden.

[123] In *Maunz/Dürig*, Rd. 92 zu Art. 20 GG, vgl. jedoch seine Ansicht (in
Zeitschr. für Rechtspolitik 1968, 11), daß zumindest bei Abhören von
Telefonaten der Wegfall des Gerichtsschutzes rechtsstaatlich unerträglich
sei.

[124] Spannungen und Kräfte im westdeutschen Verfassungsstaat a.a.O. 33.

[125] Grundzüge 79/80.

[126] Der Schutz des öffentlichen Rechts VVDStL 2, 8 (79) 1925.

Meines Erachtens trifft daher *Scheuner*[128] die richtige Mitte, wenn er Art. 19 IV als Verstärkung des Rechtsstaatsprinzips durch Verbreiterung des Rechtsschutzes begrüßt, zugleich aber hervorhebt:

1. Eigentlicher Kern des Rechtsstaates sei nicht allein der Ausbau des gerichtlichen Rechtsschutzes; dabei werde der beträchtliche Wert der verwaltungseigenen Rechtmäßigkeitskontrolle unterschätzt.

2. Nicht individuelles Anspruchsdenken, individuelle Staatsferne und alleinige Hervorhebung des Schutzes der individuellen Rechte, sondern die Bürgertugend der aktiven Mitbeteiligung, der „spirit of freedom" eröffne den Weg zum Verständnis des Rechtsstaates.

### cc) Frühere deutsche „Rechtsstaaten"

Dieses von *Dürig*[129] vertretene Argument, daß frühere deutsche Staaten, in denen es nur eine lückenhafte Enumeration des Gerichtsschutzes gab, ebenfalls Rechtsstaaten waren, schlösse es jedoch nicht aus, die heutigen „Tatbestandsmerkmale" des Rechtsstaatsbegriffes um den lückenlosen Gerichtsschutz zu erweitern.

### dd) Ausländische Rechtsstaaten

Vergleichsweise schwerer wiegt dagegen der Gedanke, daß keiner der Staaten, die man gewöhnlich ohne Frage als Rechtsstaaten bezeichnet, etwa die Schweiz, England, USA, Frankreich oder Österreich, über eine Rechtsweg-Generalklausel verfügt, welche dem Richter eine volle Nachbewertung von Examensleistungen einräumt[130].

### ee) Eigene Auffassung

Ohne Zweifel erhöht die gegenwärtige Krise der *liberalen Idee* (verbriefter Freiheiten)[131] und der *demokratischen Idee* (des Parlamentes und der Mehrheitsabstimmungen)[131] die *Idee des Rechtsstaates* in jeder Ausprägung[132]. Ebenso unstreitig ist Art. 19 IV ein verstärktes Bekennt-

---

[127] „Dieser Rechtsstaat geht nicht, wie der des Westens, von der Freiheit des Individuums aus, sondern von der Ordnung der Gemeinschaft." *Herrfahrdt* VVDStL 8, 126 (139).

[128] Die neuere Entwicklung des Rechtsstaates 233, 232, 248, 249.

[129] Maunz/Dürig, GG Rd. 92 zu Art. 20 GG.

[130] Für *USA*, *England* und *Frankreich* vgl. Hinweise bei Waltner a.a.O. S. 246/7; für *Österreich:* vgl. Entsch. d. Österr. VerfGH NF Nr. 544 A; Die *Schweiz* sieht nur die weitere Beschwerde an den Bundesrat, keine richterliche Überprüfung vor (vgl. Botschaft des Bundesrates an die Bundesversammlung über den Ausbau der Verwaltungsgerichtsbarkeit im Bunde vom 24. 9. 1965 Drucksache 9313 S. 50/52/72).

[131] Dazu ausführlich *Herrfahrdt* VVDStL 8, 126 (128—135).

[132] a.a.O. 137 ff., 147 LS 2.

nis zur Idee des Rechtsstaates[133] und erfüllt eine alte rechtsstaatliche
Forderung (*Gneist, Bähr*)[134]. Ein solcherart angereicherter Rechtsstaatsbegriff ist aber eine Eigentümlichkeit des Grundgesetzes ohne Vorbild
in anderen Rechtsstaaten[135], ist ein typisch „grundgesetzlicher" Rechtsstaatsbegriff, welcher die Fülle des Justiziablen gegenüber der Wei-
marer Zeit stark vermehrt hat[136].

Es kann danach keinen vernünftigen Zweifel daran geben, daß Art.
19 IV den Gedanken des formellen Rechtsstaates verstärkt hat[137], wenngleich er *weder sedes materiae noch ein Essential* für den Rechtsstaatsgedanken im Grundgesetz sein dürfte, sondern ein *Akzidens* eines bestimmten geschichtlichen Rechtsstaatsbegriffs darstellt, das diesem Begriff nicht wesenhaft zukommt, welches aber den Weg zu einer un-
parteiischen Instanz eröffnet und der Verwaltung ermöglicht, nicht in
eigener Sache richten zu müssen.

Man wird zwar Klein[138] darin zustimmen, daß die Interpretation des
Art. 19 IV zu einem Ergebnis führen soll, welches den Rechtsstaatsgedanken am besten verwirklicht. Allein der Rechtsstaatsgedanke enthält selbst Elemente, die miteinander in Widerstreit geraten können.
Dies führt zur Schlußfrage der Untersuchung.

### d) Verbietet die Rechtsstaatsidee eine teleologische Reduktion des Art. 19 IV zugunsten eines Beurteilungsspielraumes?[139]

#### aa) Das Rechtsstaatsprinzip der materiellen Gerechtigkeit

Die Verwirklichung der justitia distributiva, d. h. der austeilenden
Gerechtigkeit, müßte im Schul- und Prüfungswesen bedeuten: Gleiche
Note für eine gleichwertige Prüfungsleistung gleicher Prüfungsart.

---

[133] Herrfahrdt a.a.O. 147; Klein VVDStL 8, 123; Art. 19 IV vollende und
kröne die Idee des Rechtsstaates.

[134] Klein a.a.O. 67.

[135] „Deutschland hat eine eigene rechtsstaatliche Tradition, die von der
westeuropäisch-amerikanischen (liberal-demokratischen) teilweise inhalt-
lich abweicht" (Herrfahrdt a.a.O. 148 LS 3).

[136] Man vergleiche hierzu die Mahnung Walter *Jellineks* auf der Staatsrechtslehrertagung 1925:
„In der Überprüfung unbestimmter Begriffe geht die neuere Rechtsprechung bisweilen etwas zu weit. So vermag der Württ. VGH die ganze
Staatsverwaltung lahmzulegen, wenn er ... die Versetzung eines Beamten
in ein anderes Amt wegen mangelnden dienstlichen Bedürfnisses aufhebt ...
Eines der Hauptideale im Steuerrecht ist die Gerechtigkeit, die Gerechtigkeit
läßt aber eine individuelle, d. h. von der Persönlichkeit des Finanzbeamten
abhängige Erledigung von Gesuchen nicht zu" (VVDStL 2, 8 [63—65]).

[137] Vgl. *Klein* VVDStL 8, 67; *Herrfahrdt* VVDStL 8, 127 und 147; *Forsthoff*
DÖV 59, 43; *Scheuner*, Die neuere Entwicklung des Rechtsstaates a.a.O. 233.

[138] VVDStL 8, 78.

[139] Nur bei der Nachprüfung von Schul- und Prüfungsleistungen! Ob noch
weitere Lebensbereiche einen derartigen behördlichen Freiheitsraum er-
fordern, sei dahingestellt.

Nun ist schon gesagt worden[140], daß jede Forderung nach absoluter Notengerechtigkeit an drei Punkten scheitern muß:

1. Unwiederholbarkeit vieler Leistungen,

2. Unersetzbarkeit langjähriger Prüferbeobachtungen und

3. Unterschiedlichkeit der Bewertungs-Vorstellungen.

Dies führt in der Regel zu einem Nicht-Können des Gerichts und daraus leitet sich im Grunde die Forderung nach einem behutsamen Beurteilungsspielraum für die Prüfer und Lehrer ab. Grenze der justitia distributiva ist allemal die Verfassungs- und Lebenswirklichkeit.

Was die Beibehaltung unterschiedlicher Bewertungs-Vorstellungen anlangt, so sollte man — mit einem Wort *Scheuners*[141] — jede lähmende Egalisierung und Unbeweglichkeit eines bürokratischen Leviathans gerade um des Rechtsstaatsprinzips der materiellen Gerechtigkeit willen vermeiden und einen gewissen Beurteilungsspielraum anerkennen.

### bb) Das Rechtsstaatsprinzip der Rechtssicherheit

Selbst wenn der Gedanke eines gewissen Beurteilungsspielraumes mit dem Prinzip der materiellen Gerechtigkeit in Widerstreit läge, müßte gefragt werden, ob nicht die Seite der Rechtssicherheit den Vorrang verdient[142].

Es ist auch schon gesagt worden[143], warum durch volle fachlich-wissenschaftliche Gerichtskontrolle die Funktionsfähigkeit des Schul- und Prüfungswesens gefährdet wäre, und es darf ergänzt werden, daß bei allen *Ranglisten*-(Wettbewerbs-)Prüfungen auch nichtklagende Teilnehmer über ihr Ergebnis bis zum Prozeßende in Ungewißheit bleiben. Damit wären zugleich Rechssicherheit und Rechtsfrieden auf einem wesentlichen Teilgebiet der Rechtsordnung bedroht.

Dem Verfasser erscheint daher auch vom Prinzip der Rechtssicherheit her ein Beurteilungsspielraum rechtsstaatlich zu sein[144].

Daß dies auch wenigstens der Sache nach der Intension des BVerfG entsprechen könnte, mag aus einer neueren Entscheidung erhellen[145].

---

[140] In Teil I, 2. Abschnitt III./2.

[141] a.a.O. 252.

[142] BVerfG NJW 68, 149.

[143] Teil I, 2. Abschnitt, III. 2.

[144] „Rechtsfriede und Rechtssicherheit sind von so zentraler Bedeutung für die Rechtsstaatlichkeit, daß um ihretwillen die Möglichkeit einer im Einzelfall vielleicht unrichtigen Entscheidung in Kauf genommen werden muß" (BVerfGE 2, 380 [403]).

[145] BVerfG NJW 67, 2152.

Zwar führte das BVerfG aus, daß der unbestimmte Rechtsbegriff der StPO „Sache von minderer Bedeutung" *in vollem Umfange* der gerichtlichen Nachprüfung unterliege, es prüfte aber dann nur, ob der Einzelrichter nicht von *willkürlichen Erwägungen* ausgegangen war.

Dieses Vorgehen ermöglicht doch, daß sich ein Gericht am Ende seiner — mit dem BVerfG: nach Möglichkeit vollen — Überprüfung folgende Zurückhaltung auferlegen könnte: Der unbestimmte Rechtsbegriff sei in einer *vertretbaren, nicht willkürlichen* Weise angewandt worden[146], und das Ergebnis sollte nun um der Rechtssicherheit willen nicht mehr umgestoßen werden[147, 148].

#### 4. Zusammenfassung

1. a) Die Beachtung der gehörigen *Intensität des Individualrechtsschutzes* (Art. 103 I, 19 IV GG) und der *Ordnungsfunktion primär injustiziabler Prüfungsbewertungen* gebieten einen Rechtsschutz, der Willkür verhindert, ohne den für Schul- und Prüfungsbewertungen unerläßlichen Beurteilungsspielraum anzutasten.

   b) Insbesondere Art. 19 IV verträgt sich mit dieser Vorstellung und steht in engem (arbeitsteiligen) Zusammenhang mit Art. 103 I GG:

   c) Art. 19 IV und 103 I gebieten *keine* verwaltungsgerichtliche, *optimale und möglichst ausgedehnte Überprüfung* von Schul- und Universitätsprüfungen, sondern gewährleisten *nur eine Mindestgarantie des effektiven Rechtsschutzes* gegen mögliche Fälle von Willkür.

   d) Dabei *garantiert Art. 19 IV* die Prozeßeröffnung, die *Nachprüfbarkeit überhaupt* und *Art. 103 I* das gehörige Procedere, die *Nachprüfungsweite,* d. h. die eigentliche Schutzfunktion für das

---

[146] Zur Problematik, ob damit der unbestimmte Rechtsbegriff „Gleichheit" im Ergebnis nicht wie ein Ermessensbegriff behandelt wird vgl. *Lerche,* Übermaß und Verfassungsrecht, 1961 S. 66, 334 ff. (N. 57, 98); vgl. ferner zum Willkürverbot *Schnorr* JöR 16, 167: „Das BAG sieht in dem allgemeinen Gleichheitssatz nur den ordre public eines Willkürverbotes, von dem es das arbeitsrechtlich-privatrechtliche Gleichbehandlungsgebot unterscheidet."

[147] Vgl. in diesem Zusammenhang F. *Hauß* AcP 166, 368 (370), der bei der Subsumtion eines Sachverhaltes unter unbestimmte Rechtsbegriffe eine Revisionskontrolle dann nicht für sinnvoll hält, wenn die gegenteilige Ansicht nicht auf eine rational zu begründende bessere Einsicht gestützt werden kann, sondern der Streit im Grunde um das letzte Wort geht (unter Berufung auf K. *Kuchinke:* Grenzen der Nachprüfbarkeit tatrichterlicher Würdigung und Feststellungen in der Revisionsinstanz, Bielefeld 1964).

[148] Vgl. auch die Mahnung H. J. *Wolffs:* die im Vordringen begriffene Wandlung des Verständnisses der Verwaltungsgerichtsbarkeit von ihrer kontrollierenden zu originär rechtszuteilender Funktion gerate an die *Grenze der Justiziabilität* (VerwR I 7. A. 1968 § 31 I S. 166).

„Rechtsgut" Nachprüfungsweite übernimmt Art. 103 I, der insoweit den Art. 19 IV kraft Spezialität verdrängt (Gesetzeskonkurrenz).

e) Im übrigen verstärkt *Art. 19 IV* zwar den *Rechtsstaatsgedanken*, ist aber *nur Akzidens nicht Essential eines typisch „grundgesetzlichen" Rechtsstaatsbegriffs.*

2. Der nach der Struktur des Schul- und Prüfungswesens gebotene, vom Gesetzgeber intendierte Beurteilungsspielraum begrenzt den Anspruch auf gerichtliches Gehör:

a) *Prüfungsakten sind ihrem Wesen nach geheim.* In Ausnahmefällen der Unaufklärbarkeit sind dem Gericht die *reinen Prüfungsarbeiten* und die *Abschlußbegründungen* der Prüfer, *nicht aber Randvermerke und bloße Bewertungshinweise* vorzulegen. Eine weitergehende Offenlegung zerstört die für das Funktionieren des Prüfungswesens unerläßliche vertrauliche Behandlung der individuellen Arbeitsweise eines Prüfers.

b) Die *Ablehnung* von (Sachverständigen-)*Beweisanträgen verstößt nur bei eklatantem Ermessensmißbrauch gegen Art. 103 I.* Das Gericht muß die erforderliche Sachkunde für die Relevanz eines Beweisantrages besitzen.

3. Der Beurteilungsspielraum verstößt nicht gegen das *Prinzip der Gewaltenteilung*, da der Individualrechtsschutz in seiner Substanz erhalten bleibt. Es besteht weder die Gefahr eines Scheinrechtsweges noch ist *jede* fachlich-wissenschaftliche Gerichtskontrolle bei Schul- und Prüfungsbewertungen ausgeschlossen.

4. Der Beurteilungsspielraum widerspricht auch nicht den *Prinzipien der materiellen Gerechtigkeit und der Rechtssicherheit*. Grenze der justitia distributiva und der Justiziabilität ist stets die Verfassungs- und Lebenswirklichkeit.

5. Im Vorwort stand die Frage, ob Prüfungsbewertungen auch in ihrer fachlich-wissenschaftlichen Bewertung nachgeprüft werden *dürfen*, *können* oder *müssen*. Die Untersuchung hat ergeben, daß der Gesetzgeber den Prüfern und Lehrern einen Spielraum in bezug auf die Richtigkeit ihrer fachlich-wissenschaftlichen Beurteilungen belassen hat, welchen die Verwaltungsgerichte nicht überprüfen *dürfen;* es kommt daher nicht darauf an, ob sie es in einzelnen Fällen *könnten.*

6. Nachprüfbare Grenzen des Beurteilungsspielraums bleiben die *allgemeingültigen Bewertungsgrundsätze* und das *Willkürverbot:*

Unterschiede und Nicht-Unterschiede sind sachgerecht zu treffen. Justiziabel sind ferner *Tatsachenfehler* und die *Nichteinhaltung der Prüfungsordnung.*

7. Da eine absolute Notengerechtigkeit nicht zu erreichen ist, weil eine Prüfungsbewertung kein gleichsam programmierbares Verwaltungsfabrikat sein kann, *bleibt der Zustand äußerlicher Befriedung durch ein wirklich funktionierendes Prüfungs- und Bildungswesen und relativer Gerechtigkeit und Rechtssicherheit durch den Rechtsschutz vor Willkür die erträglichste Alternative.*

8. Im übrigen vermag die *Selbstkontrolle der Verwaltung* begründeten Rügen in der Regel rasch abzuhelfen.

9. Indem die *Garantie des Rechtsweges* und der *Anspruch auf gerichtliches Gehör* sowie die beschriebene *Intensität des Rechtsschutzes* dem Schul- und Prüfungswesen volle Funktionsfähigkeit belassen, führt das Ergebnis der Untersuchung zu der dem Recht immanenten Funktion der Friedensbewahrung und fördert den Gedanken des nach beiden Seiten hin schonendsten Ausgleichs.

Anhang

*Anhang I*

# Die Entwicklung der Rechtsprechung
## zu Art. 19 Abs. 4 Satz 1 Grundgesetz

1951 (1) „Es kann nicht der Sinn des Art. 19 Abs. 4 GG sein, lediglich den Rechtsweg zu eröffnen... Die Garantie des Rechtsweges, des Wegs zu den Gerichten, dürfte auch gewisse Garantien hinsichtlich des Rechtszuges in sich schließen." (VGH Freiburg NJW 52, 317 = Giese 17)

1952 (2) „... Art. 19 Abs. 4 GG enthält aber nicht nur eine gesetzliche Zuständigkeitsregelung... Die Vorschrift ist vielmehr in ihrem ersten Satz auch sachlich-rechtlicher Natur." (BGHZ 4, 302 = Giese 25)

1953 (3) „... er (scil. Art. 19 Abs. 4) besagt nichts über die Instanzen, die angerufen werden können." (OVG Lüneburg OVGE 7, 419 = Giese 30; ebenso BVerwGE 3, 145 [147])

1953 (4) „... so ist es legitime Funktion der Rechtsfindung, die Rechtsfolgen abgeschlossener Tatbestände endgültig klarzustellen. Solche Klarstellung aber besteht zu einem wesentlichen Teil gerade in der Interpretation unbestimmter Rechtsbegriffe und in der Subsumtion von Grenz- und Zweifelsfällen unter diese Begriffe." (BVerfGE 2, 380 [395])

1954 (5) „Nun muß allerdings der Rechtsschutz ein vollkommener sein, d. h. der im Art. 19 Abs. 4 GG vorgesehene Rechtsweg muß eine vollständige Nachprüfung des Verwaltungsaktes in rechtlicher und tatsächlicher Hinsicht ermöglichen..." (BFH NJW 55, 967 = Giese 58)

1954 (6) „Nach Art. 19 Abs. 4 GG wird nur der Rechtsweg gegenüber allen Verwaltungsakten gewährleistet... Darüber hinaus enthält diese Vorschrift des Grundgesetzes keine nähere Regelung des Verfahrens..." (BFH JZ 55, 347 = Giese 61)

1955 (7) „Ein Rechtsweg... ist nur gegeben, wenn nach den getroffenen Bestimmungen über den Tatbestand, der die angebliche Rechtsverletzung darstellt, in vollem Umfang, d. h. nach der tatsächlichen und rechtlichen Seite, eine Behörde zu entscheiden hat, die ein G e r i c h t im Sinne des Grundgesetzes ist." (BGH VRspr. 8, 486 = Giese 66)

1955 (8) „Wie Art. 19 Abs. 4 GG erkennen läßt, geht es dem Bundesverfassungsgeber darum, ein Mindestgrundrecht formaler Art zu garantieren." (VGH Freiburg NJW 57, 36 = Giese 70)

1955 (9) „Endlich wird durch solche Generalermächtigung der dem Bürger in Art. 19 Abs. 4 GG gewährleistete Gerichtsschutz in Frage gestellt, da die Tätigkeit der Verwaltung bei nicht genügender Bestimmtheit und Begrenztheit ihrer Befugnisse kaum noch gerichtlich überprüft werden kann." (BVerwGE 2, 214)

1957 (10) „Dieses grundgesetzlich verankerte Recht wäre unvollständig und nur theoretischer Natur, wollte man der Auffassung sein, daß damit einem durch die obrigkeitliche Gewalt Betroffenen lediglich die Möglichkeit gegeben werden sollte, eine gerichtliche Entscheidung herbeizuführen, ohne daß er auch in die Lage versetzt würde, eine durch Urteil ausgesprochene Verpflichtung der Behörde durchzusetzen." (LVG Arnsberg NJW 58, 116 = Giese 105)

1957 (11) „Der Begriff ,sonstige erhebliche Belange' ist, wie die Verwaltungsgerichte mit Recht angenommen haben, ein unbestimmter Rechtsbegriff mit der Folge, daß die Frage, ob ein bestimmter Lebenssachverhalt unter diesen Begriff subsumiert werden kann, von den Verwaltungsgerichten in vollem Umfang nachzuprüfen ist." (BVerfGE 6, 32 [42]) „Elfes-Urteil"

1957 (12) „... so handelt es sich dabei um einen sogenannten ,unbestimmten Rechtsbegriff', zu dessen Wesen die gerichtliche Überprüfbarkeit gehört (vgl. BVerfG in JZ 1957, 167, 169). Daß das Verwaltungsgericht hierbei unter Umständen sein Urteil an die Stelle des Urteils der Verwaltungsbehörde setzt, ist keine Verletzung des im geltenden Recht ohnehin nicht lückenlos verwirklichten Grundsatzes der Gewaltenteilung, vielmehr offenbart sich darin gerade der Rechtsstaat mit seiner wechselseitigen Kontrolle der Gewalten und der dadurch gewährleisteten Gesetzmäßigkeit der Verwaltung (vgl. BVerfG a.a.O.). Das Verfassungsrecht könnte eher dadurch verletzt werden, daß die Gerichte sich an die Beurteilung der Verwaltungsbehörden rechtlich gebunden fühlten und sich einer Prüfung insoweit enthielten (vgl. Art. 19 Abs. 4 GG).

Der Senat verkennt nicht, daß unter bestimmten, eng begrenzten Voraussetzungen die Anerkennung eines ,gerichtsfreien Beurteilungsspielraums' der Behörde zweckmäßig und auch verfassungsrechtlich vertretbar sein kann. Das gilt gerade bei unbestimmten Rechtsbegriffen wertenden Inhalts, wie dem der Eignung, bei deren Beurteilung in Grenzfällen der menschlichen Erkenntnisfähigkeit natürliche Schranken gesetzt sind ... Die Entstehung hängt davon ab, ob in das jeweils zur Anwendung gelangende Gesetz ,hineingelesen' werden kann, daß die Behörde über das Vorliegen bestimmter Voraussetzungen nach pflichtgemäßer Beurteilung entscheiden darf (Bachof a.a.O. S. 98)." (BVerwGE 5, 153 [162])

1958 (13) „Die Frage, ob und in welchem Umfang Art. 19 Abs. 4 GG dem Beschuldigten ein gerichtliches Nachprüfungsrecht gewährt, muß nach § 13 GVG den ordentlichen Gerichten überlassen bleiben." (BFH Gr. Senat NJW 58, 846 = Giese 119)

1958 (14) „Aus Art. 19 Abs. 4 GG ergibt sich, daß die Gerichte berufen und verpflichtet sind, die vollziehende Gewalt zu kontrollieren. Ihre Rechtsansicht hat Vorrang ... Daraus ergibt sich, daß Art. 19 Abs. 4 GG eine Schutzfunktion hat. Diese Schutzfunktion hat aber Grenzen. Jesch (a.a.O. S. 234 ff.) hat in seiner wohl eingehendsten Untersuchung zum Problem des Beurteilungsspielraums zutreffend her-

ausgestellt, Art. 19 Abs. 4 GG bestätige nur, daß die Verletzung von
Individualrechten überprüfbar sei, gebe aber keine Antwort auf
die Frage, wieweit diese Rechte gehen." (OVG Münster OVGE 14,
38 = Giese 134 a)

1959 (15) „Die in § 450 AbgO vorgeschriebene Antragsfrist von einer Woche
seit Bekanntgabe ist mit dem Grundsatz des Art. 19 Abs. 4 GG ver-
einbar, da dieser eine nähere Regelung und zeitliche Befristung des
Rechtswegs gegen Akte der öffentlichen Gewalt durch gesetzliche
Vorschriften im Interesse der Rechtssicherheit und eines geordneten
Verwaltungsablaufes zuläßt." (LG Flensburg = Giese 169)

1959 (16) „Art. 19 Abs. 4 GG will den ungehinderten Zugang zum Gericht gewährleisten ... Die Inanspruchnahme von Gerichtsschutz könnte
von der Kostenseite her unmittelbar erschwert werden, wenn der
obsiegende Kläger die Gerichtskosten zu tragen hätte. Eine solche
Regelung enthält § 27 Abs. 4 KgfEG jedoch nicht. Diese Vorschrift
könnte daher nur mittelbar nachteilige Auswirkungen haben ...
Es mag offenbleiben, ob die Garantie des Art. 19 Abs. 4 GG auch
noch gegen eine solche mittelbare Erschwernis richterlichen Schutzes wirken würde." (BVerwGE 8, 98 [102])

1959 (17) „Art. 19 Abs. 4 GG gewährleistet den Rechtsweg, wenn jemand durch
die öffentliche Gewalt in seinen Rechten verletzt wird. R e c h t -
l i c h e Nachprüfung der Bewertungen seiner Lehrer und Prüfer
wird dem Schüler und Prüfling nach der billigenswerten Auffassung
des Oberverwaltungsgerichts jedoch zuteil. Wie dargelegt, stellt die
Rechtsordnung nur einen Rahmen auf, innerhalb dessen sich Lehrer und Prüfer rechtlich bewegen dürfen ... Der gewaltenteilende
Rechtsstaat in der Prägung des Grundgesetzes verlangt nicht, daß
der Richter die vollziehende Gewalt in jedem Punkt prüfe. Er verlangt gerade das Miteinander der Gewalten. Er läßt es zu, daß der
Verwaltung ein Ermessen eingeräumt wird und beschränkt die
Rechtsprechung auf die rechtliche Prüfung." (BVerwGE 8, 272 [274])

1959 (18) „Art. 19 Abs. 4 GG gewährleistet lediglich den R e c h t s w e g gegen
Verwaltungsakte, die den einzelnen in seinen Rechten verletzen.
Er enthält aber keine nähere Regelung des Verfahrens, insbesondere keine Verpflichtung, alle Verwaltungsakte mit einer Rechts-
mittelbelehrung zu versehen." (BFHE 69, 247 = Giese 205)

1959 (19) „Art. 19 Abs. 4 GG gebietet nicht, die Form hoheitlicher Maßnahmen
so zu wählen, daß der einzelne dagegen einen möglichst umfassenden Rechtsschutz hat." (BVerfGE 10, 89 [105] = Giese 207)

1959 (20) „Art. 19 Abs. 4 GG ... gewährleistet zwar den Rechtsweg zur Durch-
setzung der Ansprüche gegen die öffentliche Gewalt, überläßt aber
die Ausgestaltung des Rechtsweges dem für den Erlaß des einfachen
Gesetzes zuständigen Gesetzgeber; diesem bleibt dabei ein weiter
Ermessensbereich, der nur in bezug auf die Einhaltung seiner
äußersten Grenzen einer richterlichen Nachprüfung unterliegt ..."
(BVerwG DVBl 60, 208 = Giese 213)

1959 (21) „Da der Rechtsweggarantie des Art. 19 Abs. 4 GG eine überragende
grundrechtliche Bedeutung zukommt ... begegnet es bereits Bedenken, ob die Inanspruchnahme dieser Rechtsweggarantie von
materiellen Vorleistungen abhängig gemacht werden darf und ob

dies mit dem lückenlosen Individualrechtsschutz vereinbar ist, für
den sich das Grundgesetz entschieden hat." (BVerwG DÖV 59, 542 =
Giese 173)

1959 (22) „Dadurch, daß die Bekl. die Namhaftmachung ihrer Beamten verweigert, wird aber der Kl. lediglich die Sammlung des für einen
erfolgreichen Rechtsstreit erforderlichen Tatsachenmaterials erschwert; der Zugang zu den Gerichten, nämlich der Rechtsweg,
wird dadurch nicht beschränkt oder erschwert." (OVG Münster JZ
59, 672 [674])

1960 (23) „Art. 24 KG (scil. wonach bei Nichtzahlung des Vorschusses eine
Zurücknahme der Klage fingiert wird) ist mit dem Grundgesetz
vereinbar. Die Bedeutung des Art. 19 Abs. 4 GG liegt vornehmlich
darin, daß er die ‚Selbstherrlichkeit‘ der vollziehenden Gewalt im
Verhältnis zum Bürger beseitigt; kein Akt der Exekutive, der in
Rechte des Bürgers eingreift, kann richterlicher Nachprüfung entzogen werden. Der Rechtsweg, d. h. der Weg zu den Gerichten, steht
aber nicht schrankenlos ‚offen‘. Wenn Art. 19 Abs. 4 dem Bürger
umfassenden Rechtsschutz gegenüber der öffentlichen Gewalt gewährt, so ist damit nicht gemeint, daß alle herkömmlichen Grundsätze des Prozeßrechts, die rechtlich oder tatsächlich eine Erschwerung des Zugangs zu den Gerichten bewirken, außer Kraft
gesetzt würden; die meisten dieser Grundsätze sollen Rechtssicherheit und geordneten Gang der Rechtspflege verbürgen und dienen
damit im weiteren Sinne ebenfalls dem Rechtsschutz des Bürgers.
Deshalb ist nie bezweifelt worden, daß Art. 19 Abs. 4 GG den Rechtsweg nur im Rahmen der jeweils geltenden Prozeßordnung gewährt ... Erst wenn durch solche Normen der Weg zu den Gerichten in unzumutbarer, aus Sachgründen nicht mehr zu rechtfertigen-
der Weise erschwert würde, wären sie mit Art. 19 Abs. 4 Satz 1 GG
unvereinbar." (BVerfGE 10, 264 [267] = Giese 231)

1960 (24) „Es stellt keine Verweigerung des in Art. 19 Abs. 4 GG gewährleisteten Rechtsschutzes dar, wenn die Verwaltungsgerichte sich darauf beschränken, nachzuprüfen, ob die Festsetzung der Kreis-
umlagesätze mit den landesgesetzlichen Vorschriften, die zur Er-
hebung einer Kreisumlage ermächtigen, vereinbar ist und die Grenzen nicht überschreitet, die der Bundes- und Landesgesetzgeber
dem Ermessen des Kreisgesetzgebers bei der Festsetzung der Kreis-
umlagesätze gezogen haben." (BVerwGE 10, 224 = Giese 239)

1960 (25) „Art. 19 Abs. 4 eröffnet und garantiert den Rechtsweg gegen die
Verletzung von Rechten durch die öffentliche Gewalt, damit auch
gegen die Nichterfüllung von Rechtsansprüchen der Bürger auf
Amtshandlungen der Behörden, sagt aber nichts über den materiell-
rechtlichen Inhalt und Umfang von Rechten und Ansprüchen."
(BVerwGE 11, 95 [97] = DÖV 65, 382)

1961 (26) „Jedenfalls kann der ... Formulierung, Art. 19 Abs. 4 GG wolle als
Grundrecht auf Rechtsschutz ‚die rechtsstaatliche Ordnung gegen
alles schützen, was ihr widerspricht‘, nicht gefolgt werden: eine
solche Auslegung würde die staatliche Ordnung sprengen, indem
sie über alle gesetzlichen Regelungen hinaus, allen ungehemmte
Rechtsmittelbefugnisse einräumen würde. Es kann hier dahingestellt bleiben, ob der im Schrifttum aufgestellte Satz vom ‚um-

fassenden Rechtsschutz'... zutrifft oder nicht; jedenfalls erfährt dieser Satz Begrenzungen, die sich aus seinem Sinn und Zweck ergeben ..." (BFHE 74, 385 = Giese 286)

1962 (27) „Außerdem verlangt Art. 19 Abs. 4 GG Rechtsschutz, der rechtzeitig wirksam wird, was für das hier angegriffene Ersuchen auf Abnahme des Offenbarungseides nur bedeuten kann, seine Leistung selbst zu verhindern, da diese vollendete und irreparable Tatsachen schafft." (OVG Hamburg DÖV 62, 755 = Giese 300)

1962 (28) „Der Erlaß einer einstweiligen Anordnung, die einer vorläufigen Verurteilung nach dem Antrage in der Hauptsache gleichkommt, ist nur zulässig, wenn ein wirksamer Rechtsschutz (Art. 19 Abs. 4 GG) im ordentlichen Verfahren nicht erreichbar ist und dies für den Antragsteller zu schlechthin unzumutbaren Folgen führen würde... Dieser Lehrlauf in der Sache widerspricht dem Sinn und Wesen des Verwaltungsschutzes, nämlich seiner durch Art. 19 Abs. 4 Satz 1 GG u. a. gewährleisteten Effektivität." (OVG Lüneburg OVGE 18, 387)

1962 (29) „Daß der Richter sich hiernach daran gehindert sehen muß, solche höchstpersönlichen Wertungen in vollem Umfange zu überprüfen, verstößt nicht etwa — wie die Revision meint — gegen die Rechtsschutzgarantie des Art. 19 Abs. 4 GG. Der Grundsatz, daß die Interpretation unbestimmter Rechtsbegriffe wesentlicher Teil der Rechtsfindung ist (BVerfGE 2, 380 [395 f.]), wird nicht ohne weiteres dadurch beeinträchtigt, daß ein Gesetz selbst bei der Subsumtion des Sachverhaltes unter einen ausfüllungsbedürftigen Begriff höchstpersönliche Entscheidung fordert, die der richterlichen Nachprüfung nicht voll zugänglich sein sollen. Ebenso wie es einerseits dem Gesetzgeber unbenommen ist, der Verwaltung ein Handlungsermessen einzuräumen, also in bestimmtem Rahmen das Recht der Auswahl zwischen mehreren Möglichkeiten, so kann er ihr andererseits auch bei der Ausfüllung eines von ihm selbst gesetzten unbestimmten Rechtsbegriffs einen gewissen Spielraum überlassen, um die von ihm durch die Fixierung des ausfüllungsbedürftigen Begriffs erstrebte Entscheidung (BVerwGE 12, 359 [363]) zu finden, sofern dies nur aus sachlichen Gründen notwendig erscheinen muß... daß von der Frage nach dem Umfang des gerichtlichen Rechtsschutzes die nach seiner Intensität zu trennen ist. Der Rechtsschutz gegen Verwaltungsakte der hier in Frage stehenden Art wird jedenfalls nicht verweigert. Der Gesetzgeber hat nur bei Bestimmung der Rechte des Beamten auf Probe die Möglichkeit einer Rechtsverletzung in dem dargelegten Sinne abgegrenzt." (BVerwGE 15, 39 [41])

1962 (30) „... unter der Verletzung von Rechten des einzelnen im Sinne der Rechtsweggarantie des Art. 19 Abs. 4 GG sind allein Verstöße gegen die Rechtsordnung zu verstehen, die Entscheidung hierüber muß nach Maßgabe des Rechtes möglich sein. Daran fehlt es, wenn die Regierungsgewalt ein gesetzlich vorgesehenes Mittel lediglich nach ihrem politischen Gutdünken handhaben darf." (Militärischer Bereitschaftsdienst) (BVerwGE 15, 63 = Giese 318)

1963 (31) „Sinn und Wesen dieser Bestimmung des Grundgesetzes liegt in der Sicherung und Erhaltung der selbstverantwortlichen Persönlichkeitssphäre des einzelnen im Streit zwischen Individuum einerseits und Staat andererseits (Maunz-Dürig...)." (OVG Berlin DÖV 63, 587 = Giese 333)

1963 (32) „Es trifft zwar zu, daß Art. 19 Abs. 4 GG nicht selbst Rechte gewährt, sondern die zu schützenden Rechte voraussetzt. Aber aus der — von Art. 19 Abs. 4 entscheidend mitgeprägten — Gesamtsicht des Grundgesetzes vom Verhältnis des einzelnen zum Staat folgt, daß im Zweifel diejenige Interpretation eines Gesetzes den Vorzug verdient, die dem Bürger einen Rechtsanspruch einräumt ... Der durch Art. 19 Abs. 4 Satz 1 GG gewährleistete Rechtsschutz muß die vollständige Nachprüfung des Verwaltungsaktes in rechtlicher und tatsächlicher Hinsicht durch ein Gericht ermöglichen ... Das Gericht ist an die von der Verwaltungsbehörde getroffenen tatsächlichen Feststellungen nicht gebunden." (BVerfGE 15, 275 [281] = Giese 327)

1963 (33) „Nach der Rechtsprechung des BVerfG liegt die Bedeutung des Art. 19 Abs. 4 GG vornehmlich darin, daß er die ‚Selbstherrlichkeit‘ der vollziehenden Gewalt im Verhältnis zum Bürger beseitigt; kein Akt der Exekutive, der in die Rechte des Bürgers eingreift, könne rechtlicher Nachprüfung entzogen werden." (BVerwG DVBl 63, 441 [442] = Giese 329)

1963 (34) „Diese Verfassungsvorschrift ist, ihrer Bedeutung entsprechend, weit auszulegen und gewährleistet demjenigen, der ‚durch die öffentliche Gewalt‘ in seinen Rechten verletzt wird, nicht nur das formale Recht, den Rechtsweg zu beschreiten, sondern darüber hinaus ein substantielles Recht auf effektiven, tatsächlich wirksamen Rechtsschutz. Dieser Rechtsschutzanspruch ist ein von der öffentlichen Gewalt zu beachtendes subjektives Recht des einzelnen." (BVerwGE 17, 83 [85] = Giese 345) (ebenso E 16, 289 [293] und 19, 159 [161])

1964 (35) „Es ist nicht zu verkennen, daß die Verwirklichung der im Art. 19 Abs. 4 GG zum Ausdruck kommenden Forderung nach einem umfassenden Rechtsschutz es notwendig macht, daß derjenige, der sich durch einen Akt der öffentlichen Gewalt in seinen Rechten verletzt glaubt, in der Lage sein muß, sich ohne Schwierigkeiten über die ihm zustehenden Rechtsmittel und damit im Zusammenhang stehenden Formvorschriften zu unterrichten." (BFH BStBl 1964 III 490 = Giese 369)

1964 (36) „Der durch Art. 19 Abs. 4 Satz 1 GG gewährleistete Rechtsweg muß die vollständige Nachprüfung des Aktes der öffentlichen Gewalt in rechtlicher und tatsächlicher Hinsicht durch ein Gericht ermöglichen. Diesem Erfordernis ist durch das in § 74 Abs. 5 BRAO vorsehene Verfahren Genüge getan. Das Ehrengericht prüft, ob die Tatsachen, die dem Rügebescheid vom Kammervorstand zugrunde gelegt worden sind, richtig sind; es würdigt den so festgestellten Sachverhalt rechtlich und zieht daraus die Folgerung, daß der Rechtsanwalt sich einer Pflichtverletzung schuldig gemacht hat, oder die Folgerung, daß er frei von Schuld ist." (BVerfGE 18, 203 [205] = Giese 381)

1965 (37) „Daß diese rechtliche Beschränkung der verwaltungsgerichtlichen Prüfung persönlichkeitsbedingter Werturteile der Rechtsschutzgewährleistung des Art. 19 Abs. 4 des Grundgesetzes nicht entgegensteht, hat das Bundesverwaltungsgericht bereits entschieden und eingehend begründet." (BVerwGE 21, 127 [131])

1965 (38) „Es darf schließlich nicht übersehen werden, daß aus Art. 19 Abs. 4 GG und aus dem dort vorgeschriebenen umfassenden Rechtsschutz entnommen werden muß, daß auch solche Wertungen der gerichtlichen Nachprüfung unterliegen, zumal die Gerichte in zweifelhaften Fällen Sachverständige beiziehen können." (BVerwG DVBl 65, 914 [916]): „künstlerisch hochstehend"

1966 (39) „Die Rechtsschutzgarantie, die Art. 19 Abs. 4 GG jedem gibt, der durch die öffentliche Gewalt in seinen Rechten verletzt wird, bleibt voll erhalten. Rechtsschutz gegen Verwaltungsakte gewährleistet die VwGO in vollem Umfang; sie schränkt die Anfechtungsmöglichkeit im Interesse der Rechtssicherheit nur in zeitlicher Hinsicht durch Fristen ein." (BVerwG NJW 67, 591 [592])

1966 (40) „Art. 19 Abs. 4 will den Rechtsschutz potenzieren." (VGH Kassel NJW 66, 1624 [25])

1967 (41) „Es wäre mit Art. 19 Abs. 4 GG nicht vereinbar, wenn das Gericht nur auf die Nachprüfung der rechtlichen Seite beschränkt wäre und die behördlichen Tatsachenfeststellungen seiner Entscheidung ungeprüft zugrunde legen müßte oder dürfte.

Das OLG ... hat sich auf die Prüfung beschränkt, ob der Anstaltsleiter bei der Feststellung des Sachverhaltes richtig vorgegangen ist oder ob die Sachbehandlung durch den Anstaltsleiter aus Rechtsgründen beanstandet werden muß. Diese nur eingeschränkte Sachprüfung führt zu einer Verkürzung des grundrechtlich gewährleisteten umfassenden Rechtsschutzes." (BVerfGE NJW 67, 923 Beschl. v. 15. 2. 67 2 BrR 658/65)

## Anhang 2: Die Entwicklung der Nachkriegsrechtsprechung zum Prüfungswesen

| Fall | Jahr | Tatbestand | Hauptthese | Begründende Unterthese | Weitere vertiefende Begründung | Gericht | Fundstelle |
|---|---|---|---|---|---|---|---|
| 1 | 1949 | Überspringen einer Klasse | Kein Rechtsanspruch — Es liegt im Ermessen der Schule, zu entscheiden, was für das körperliche und allgemeingeistige Wohl des Schülers besser ist. | | | VGH Bayern U.v. 18.8.1949 281 I 48 | DÖV 1950,56 |
| 2 | 1950 | Ausschluß von Prüfung wegen Täuschung | Ob ein Prüfling Unterschleif getrieben hat, ist keine Frage des Ermessens, sondern der Beweiswürdigung. Da der Nachweis nicht gelang, war die Entschließung des Justizprüfungsamtes aufzuheben. | | | VGH Bayern U.v.19.7.1950 19 III 50-1 | DVBl. 1951,147 |
| 3 | 1950 | Nichtbestehen der Begabtenprüfung | Das Prüfungsergebnis stellt der Ausschuß nach freiem Ermessen fest. | Es ist nicht Aufgabe der Verwaltungsgerichte, ihre Würdigung an die Stelle der Beurteilung durch die Prüfungsbehörde zu setzen. | | OVG Lüneburg U.v. 22.8.1950 II A 342/50 | DVBl. 1951,147 = OVGE 2,220 |
| 4 | 1951 | Nichtversetzung | 1. Es liegt ein Verwaltungsakt vor.<br><br>2. Die Entscheidung liegt im Ermessen der Schule, | 1. Die Feststellung der Konferenz darüber, ob der Kl. nach Obersekunda zu versetzen ist, stellt sich als eine Entscheidung zur Regelung eines Einzelfalles auf dem Gebiet des öffentlichen Rechtes dar.<br><br>2. weil sie nach § 2 der Versetzungsbest. in Preußen v. 11.8.27 über mangelhafte Leistungen hinwegsehen kann. | | LVG Münster U.v. 6.7.1951 1aK 294/51 | DVBl. 1953,27 |
| 5 | 1951 | Nichtaufnahme in die Sexta | steht im Ermessen der Schule | | | LVG Minden Beschl. v. 30.7.1951 I K 128-51 | VerwRsp.4,49 |

Anhang 2: Die Entwicklung der Nachkriegsrechtsprechung zum Prüfungswesen

| Fall | Jahr | Tatbestand | Haupthese | Begründende Unterthese | Weitere vertiefende Begründung | Gericht | Fundstelle |
|---|---|---|---|---|---|---|---|
| 6 | 1951 | Ungültig-erklärung einer regional bekanntgewordenen Aufgabe aus d. 2. jur. Staatsprüfung | Ermessenssache | | | VGH Bayern U.v.12.10.1951 182 III 51 | DVBl. 1952,339 |
| 7 | 1952 | Ausschluß von der Prüfung wegen Täuschung bei der jur.Hausarbeit | Ermessenssache, jedoch widerspricht die Entscheidung dem Grundsatz der Verhältnismäßigkeit | | | LVG Rheinland-Pfalz U.v. 22.4.1952 dazu Fall 21 unten: Zweitprozeß | DVBl. 1953,78 = NJW 1953, 137 |
| 8 | 1952 | Nichtaufnahme in die wiss. Oberschule | freies Ermessen, aber Ermessensfehler, wenn nur auf die Begabung, nicht auch auf die Eignung (Fleiß, Strebsamkeit) abgestellt wird | Es liegt ein wählendes Verhalten im Rahmen einer Wertverwirklichung vor (Forsthoff). | | LVG Hamburg U.v. 29.5.1952 VIb 1638/51 | NJW 1952,1351 |
| 9 | 1952 | Nichtbestehen der 1. jur. Staatsprüfung | 1. reine Ermessenssache 2. Kläger: Die Note „noch ausreichend" sei nicht vorgesehen und bedeute eben noch „ausreichend". Gericht: Kein Verfahrensfehler! | 1. wie Fall 3 2. Erfahrungsgemäß glauben es die Prüfer nicht verantworten zu können, eine unzulängliche Einzelleistung als ausreichend zu bezeichnen, nehmen aber die Bewertung mit „noch ausreichend" auf sich; jedoch gehören diese Leistungen meist zu den unzulänglichen. Bei Klausuren mit „noch ausreichend" besteht kein Rechtsanspruch auf die Note „ausreichend". | 2. Das Bestehen oder Nichtbestehen ist kein math. Rechenexempel aus den Einzelbewertungen; diese Endentscheidung könnte ein Bürobeamter ausfertigen. Vielmehr muß der Kandidat nach seinem Gesamteindruck in der Prüfung der Kommission für den Vorbereitungsdienst reif erscheinen (§ 23 JAO). Somit sei der Kausalzusammenhang zwischen den Einzelbewertungen (nur Vorermittlungen) und dem Gesamtergebnis gesetzlich weitgehend inhibiert. Maßgebend ist das verselbständigte Beratungsergebnis der Kommission. | OVG Münster Beschl. v. 28.10.1952 VII B 493/52 | MDR 1953,253 OVGE 6,150 |

## Anhang 2: Die Entwicklung der Nachkriegsrechtsprechung zum Prüfungswesen

| Fall | Jahr | Tatbestand | Hauptthese | Begründende Unterthese | Weitere vertiefende Begründung | Gericht | Fundstelle |
|---|---|---|---|---|---|---|---|
| 10 | 1952 | Nichtbestehen der Aufnahme-prüfung zum Gesangs-studium | Eine fachlich nicht nachprüf-bare Ermessensentscheidung | wie zum Fall 3 | | OVG Berlin U.v.20.11.1952 I B 17/52 | DVBl. 1953,579 DÖV 1953,700 |
| 11 | 1952 | Nicht-aufnahme in die wiss. Oberschule | Eine Auslese darf nur die Kinder ausschalten, welche die Entwicklung ihrer Mit-schüler hemmen. | Der Junge ist ein Grenzfall, eine Hemmung seiner Mit-schüler durch ihn steht nicht einwandfrei fest. Neben der Aufnahmeprüfung mußte beachtet werden, daß er 6 Grundschuljahre hindurch mit „befriedigend" und teilw. „gut" beurteilt wurde. Le-diglich im dritten Schuljahr tauchte einmal im Rechnen eine 4 auf. | Der Grundsatz in dubio pro reo muß erst recht Kindern gegenüber angewandt wer-den, deren ganzer Lebens-weg davon abhängt, wie die Schule im 12. Lebensjahr über sie entscheidet. In Grenzfällen geht der Wille der Eltern vor (Art. 2. I GG) | LVG Hamburg U.v.11.12.1952 VIIa 1574/52 | MDR 53,189 |
| 12 | 1953 | Zurück-weisung einer Dissertation | Wissenschaftliche Prüfungs-entscheidungen entziehen sich einer rechtlichen Be-urteilung | Die Maßstäbe sind außer-rechtlicher Art | | VG Freiburg U.v.19.1.1953 VS 384/53 | DVBl. 1953,736 |
| 13 | 1953 | Nicht-versetzung ohne Warnung | Es liegt kein Verwaltungs-akt vor, weil mit den schu-lischen Wertungen keine dem öffentlichen Recht an-gehörenden Entscheidungen im Einzelfall getroffen wer-den. | Zensuren über Einzelleistun-gen, sowie die in den Ge-samtzensuren sich ausdrük-kenden fachlichen pädagogi-schen Beurteilungen kön-nen nicht Gegenstand eines Verwaltungsstreitverfahrens bilden. | Sonst müßten die Verwal-tungsgerichte über Schul-leistungen entscheiden, die sich jeder rechtlichen Wer-tung entziehen. Anders bei Abgangszeugnissen, weil mit ihnen Berechtigungen ver-bunden sind. | OVG Lüneburg U.v.14.8.1953 VA 269/53 Revision siehe Fall 23 | DVBl. 1953,663 MDR 1953,760 |
| 14 | 1953 | Die Auswahl unter den Oberschulen... | steht den Eltern zu | Die bessere pädagogische Einsicht der Schule hat dem Vorrang des elterlichen Er-ziehungsrechts zu weichen und sich auf die Abweisung der unbegabten Schüler zu beschränken. | | OVG Hamburg U.v.16.4.1953 | DVBl. 1953,506 (511) MDR 1953,504 |

4

**Anhang 2: Die Entwicklung der Nachkriegsrechtsprechung zum Prüfungswesen**

| Fall | Jahr | Tatbestand | Hauptthese | Begründende Unterthese | Weitere vertiefende Begründung | Gericht | Fundstelle |
|---|---|---|---|---|---|---|---|
| 15 | 1953 | Nicht-versetzung | reine Ermessenssache | wie zum Fall 3, ferner 9 und 10 | | LVG Düsseldorf U.v.26.11.1953 | DVBl.1954,583 DÖV 1954,696 |
| 16 | 1953 | Nicht-versetzung | eine rein pädagogische Maßnahme ohne Rechtswirkungen: kein Verwaltungsakt | | Denn es entspricht gerade dem Wesen der Erziehung, in freier und selbständiger Verantwortlichkeit die Bedingungen, unter denen der junge Mensch auf das Ziel der Erziehung hingeleitet wird. Dies folgt aus der Vielgestaltigkeit erzieherischer Aufgaben, die eine Bindung an einheitliche und rechtlich nachprüfbare Maßstäbe nicht zuläßt, sondern auf die Persönlichkeit jedes Kindes zugeschnittene Einzelmaßnahmen erfordert. Bei diesen Differenzierungen feinster Art wird letztlich nur der Lehrer selbst erkennen, was zu geschehen hat. — Auch bei einer im Einzelfall fehlerhaften Entscheidung werden die Persönlichkeitsrechte des Kindes nicht verletzt. — Der Senat verkennt nicht, daß aufgrund unrichtiger Beurteilungen getroffene Fehlentscheidungen einzelner Lehrer in einer Konferenz Fehlentscheidungen hält es aber nicht für die Sache der Verwaltungsgerichte, jede irgendwie geartete Maßnahme auf dem Gebiete des öffentlichen Rechts nachzuprüfen. Anders nur bei Ausbildungsprüfungen, die die Rechtsstellung der Prüflinge berühren. (Im übrigen bleibt das Recht der Beschwerde und der Dienstaufsichtsbeschwerde.) Gerichtliche Nachprüfung kann nur bei bewußter Benachteiligung in Frage kommen. | OVG Rheinland-Pfalz U.v.18.12.1953 | DVBl. 54,579 NJW 54,1461 |
| 17 | 1954 | ? | Prüfungsentscheidungen erfordern ein *wertendes* Ermessen, das sich der gerichtlichen Überprüfung — auch mit Hilfe von Sachverständigen — entzieht. | | | VGH Bayern U.v.11.1.1954 373 III 50 | JZ 54, 354 |
| 18 | 1954 | Nicht-versetzung | freies Ermessen | Es ist nicht die Aufgabe der Verwaltungsgerichte, Leistungen fachlich zu beurteilen. | Die Entscheidung der Konferenz ist eine Beurteilung der Gesamtpersönlichkeit, wobei die Einzelnoten nur Vorermittlungen sind (kein math. Rechenexempel). | OVG Münster Beschl. v. 12.1.1954 V B 1189/53 | DVBl.1954,584 |

**Anhang 2: Die Entwicklung der Nachkriegsrechtsprechung zum Prüfungswesen**

| Fall | Jahr | Tatbestand | Hauptthese | Begründende Unterthese | Weitere vertiefende Begründung | Gericht | Fundstelle |
|---|---|---|---|---|---|---|---|
| 19 | 1954 | Nichtbestehen der 1. jur. Staatsprüfung | Die Beurteilung von Prüfungsentscheidungen ist eine der Ermessensentscheidung gleichzustellende Entscheidung besonderer Art. | | | OVG Berlin U.v.14.4.1954 I B 18/54 | DVBl. 1954,586 JZ 54,679 |
| 20 | 1954 | Nichtversetzung | Ermessensentscheidung … | weil *die Rechtsordnung* der Schule eine subjektive Entscheidungsfreiheit hinsichtlich der Beurteilung der Fähigkeiten und Kenntnisse der Schüler einräumt. | | LVG Düsseldorf U.v. 28. 5. 1954 1 K 42/54 | DÖV 1954,696 DVBl. 1955,267 |
| 21 | 1954 | Täuschung bei der jur. Hausarbeit | Auch die mündliche Prüfung muß wiederholt werden. | da für die Entscheidung, ob der Prüfling zum Richteramt befähigt ist, wesentlich auch der persönliche Eindruck maßgebend ist. | Die mündliche Prüfung bildet für das jur. Assessor-Examen geradezu das Herzstück. | OVG Rheinland-Pfalz U.v. 6. 7. 1954 2 C 70/52 | JZ 1955,175 |
| 22 | 1954 | Nichtaufnahme in die techn. Oberschule | 1. eine wertende Entscheidung, dennoch kein Ermessen: 2. Die Schülerin ist zuzulassen. | 1. denn die Verwaltungsgerichte haben die Aufgabe, in derart schwierigen Fragen richtig *zu entscheiden.* 2. Sie war gerade im 1. Halbjahr, in dem sie ein besonders schlechtes Zeugnis bekommen hatte, operiert worden, hatte sich aber im 2. Halbjahr, abgesehen von Englisch, wieder auf ausreichende und bessere Noten heraufgearbeitet. Sie ist also in der Lage, Wissenslücken in verhältnismäßig kurzer Zeit aufzuholen. Das letzte Zeugnis, welches — außer ausreichend im Rechnen — nur gute und befriedigende Noten enthält, erbringt den eindeutigen Beweis, daß sie in der Oberschule sogar gut mitkommt. | 1. Ein Verzicht ist rechtlich nicht vertretbar, auch wenn es vielfach an der Grenze menschlichen Vermögens liegt, richtig zu entscheiden. | OVG Berlin U.v.1.12.1954 I B 97/54 | OVGE 3,146 (159) |

6

**Anhang 2: Die Entwicklung der Nachkriegsrechtsprechung zum Prüfungswesen**

| Fall | Jahr | Tatbestand | Hauptthese | Begründende Unterthese | Weitere vertiefende Begründung | Gericht | Fundstelle |
|---|---|---|---|---|---|---|---|
| 23 | 1954 | Nicht-versetzung | Die Versagung ist ein Verwaltungsakt | Der Schüler besucht die Schule nicht nur, um zu lernen und erzogen zu werden, sondern auch, um sie mit einem Abschlußzeugnis zu verlassen, das ihn berechtigt, bestimmte weiterbildende Schulen/Hochschulen zu besuchen oder Berufe zu ergreifen. Wird er nicht versetzt, verschiebt sich das Schulziel um ein Jahr. Damit berührt die Versagung seinen Rechtskreis und ist ein Verwaltungsakt. | Man kann auch nicht — wie das OVG Koblenz (Fall 16) — danach unterscheiden, ob eine Maßnahme den Schüler erziehen oder bewußt benachteiligen will: ob eine Maßnahme Verwaltungsakt ist, sagt nicht ihre Begründung, sondern ihre Wirkung. | *BVerwG* U.v.10.12.1954 II C 194.53 | Bd.1,260 NJW 1955,646 |
| 24 | 1954 | Verweisung von der Oberschule nach geringfügigem Diebstahl | Verwaltungsakt und Rechtsweg gegeben | Die Gefahr, daß die Tätigkeit der Behörden durch zahlreiche Prozesse behindert wird, ist im Schulbereich nicht größer als anderswo. Sie erscheint erträglich, weil unbegründete Klagen abgewiesen werden und die Schule notfalls die sofortige Vollziehung anordnen kann. | | *BVerwG* U.v.10.10.1954 II C 31.54 | Bd.1,263 |
| 25 | 1954 | Einweisung in die Hilfsschule... | ist eine vom Gericht in vollem Umfang nachzuprüfende Sach- und Rechtsfrage | | | *Hess. VGH* U.v.17.12.1954 | ESVGH 4,155 |
| 26 | 1955 | Täuschung in der Prüfung? | 1. Verwaltungsakt (berührt seinen Rechtskreis)... 2. die erstgeschriebene — besser benotete — Klausur gilt, da der Unterschleif nicht bewiesen. | 1. denn der Grad „Diplom-volkswirt" erhöht die beruflichen Aussichten. | 1. Es kann wegen Art. 20 II GG keine vierte Prüfungsgewalt geben. | *BVerwG* U.v. 21.1.1955 II C 77/54 | Bd. 2,22 (26) NJW 55,1609 DÖV 55,665 VerwRspr. 8, Nr. 56 |

7

**Anhang 2: Die Entwicklung der Nachkriegsrechtsprechung zum Prüfungswesen**

| Fall | Jahr | Tatbestand | Hauptthese | Begründende Unterthese | Weitere vertiefende Begründung | Gericht | Fundstelle |
|---|---|---|---|---|---|---|---|
| 27 | 1965 | Täuschung in der Reifeprüfung | 1. Verwaltungsakt . . . <br><br>2. Die Frage, ob die Verfehlung *geringerer Art* ist, ist keine Frage des Ermessens, sondern des Tatbestandes. Sie ist daher voll nachprüfbar. | 1. weil Anordnung eines Einzelfalles mit unmittelbarer rechtlicher Wirkung | | *VG Freiburg* U.v. 1.4.1955 VS 86/55 | NJW 55,1046 DÖV 1956,634 |
| 28 | 1965 | Nicht-aufnahme in die Sexta | *Eltern:* Wer das Klassenziel nicht erreicht, bleibt ohnehin sitzen oder wird aus der Schule genommen. Die Auslese in der Sexta entreiße die Eltern. Es verstoße gegen Art. 3 GG, den Lebensweg derart früh zu bestimmen. <br><br>*Gericht:* Mit Rücksicht auf alle muß der Staat ungeeignete Kinder auslesen. | Das Wie ist keine Frage des Rechts, sondern der pädagogischen Zweckmäßigkeit. Art. 2 I GG ist gewahrt. | Das Grundrecht der freien Entfaltung schützt bei jedem nur diejenigen Persönlichkeitsentfaltungen, die *seinem* Wesen, *seinen* Anlagen, *seiner* Natur entsprechen. | *OVG Lüneburg* U.v. 15. 4. 1955 VA 1860/54 | „Schüler—Richter—Lehrer" Seipp 1963 S. 14 |
| 29 | 1955 | Nicht-versetzung | Keine Ermessens-, sondern Erkenntnisentscheidung, die aber aus tatsächlichen Schwierigkeiten sehr oft nicht über den Rahmen einer Ermessenskontrolle hinausreicht. | Es ist zu unterscheiden zwischen dem, was dem Gericht rechtlich verwehrt ist, und dem, was es tatsächlich nicht leisten kann. Der Konferenzbeschluß ist nicht das Ergebnis einer freien Wahl zwischen verschiedenen gleich „richtigen" Möglichkeiten und daher keine Ermessensentscheidung. Die Lehrer haben Tatsachen zu ermitteln und Tatfragen zu beantworten, auf die es nur *eine richtige* Antwort geben kann. | | *OVG Hamburg* U.v. 6. 7. 1955 Bf II 99/54 | VerwRspr. 8,547 |

**Anhang 2: Die Entwicklung der Nachkriegsrechtsprechung zum Prüfungswesen**

| Fall | Jahr | Tatbestand | Hauptthese | Begründende Unterthese | Weitere vertiefende Begründung | Gericht | Fundstelle |
|---|---|---|---|---|---|---|---|
| 30 | 1955 | Nicht-versetzung | Ob ein Schüler in der nächsten Klasse erfolgreich mitarbeitet, kann nur bejaht oder verneint werden, so daß es einen eigentlichen Ermessensspielraum nicht geben kann. Gleichwohl normiert der Gesetzgeber keine Versetzungsmaßstäbe. Die Rechtsordnung überläßt vielmehr die richtige Bewertung dem Urteil der kundligen Schule, die einem dem Ermessensspielraum vergleichbaren Beurteilungsspielraum hat ... | weil die Bewertung eines Schülers sich rechtlich nicht im einzelnen regeln und erfassen läßt. | | LVG Düsseldorf U. v. 22. 9. 1955 1 K 2407/55 | DÖV 1956, 635 |
| 31 | 1956 | Nicht-aufnahme in die techn. Oberschule | Von einem Kind, das auf der Grundschule „befriedigende" Leistungen aufweist, kann nicht mit an Sicherheit grenzender Wahrscheinlichkeit gesagt werden, daß es seine Mitschüler hemmen wird. Ebensowenig dort, wo nur die Grundschulbeurteilung oder nur die Aufnahmeprüfung negativ ausfällt. Das kann der Senat auch ohne besonderen pädagogischen Sachverstand beurteilen. | Nach den hamburgischen Richtlinien für die Erteilung von Zeugnissen (v. 20. 3. 51) muß das Zeugnis „befriedigend" (3) eine zufriedenstellende, normale Durchschnittsleistung kennzeichnen, um für alle Schulgattungen und Stufen einen annähernd gleichen Wertungsmaßstab zu erlangen. | | OVG Hamburg U. v. 12. 3. 1956 Bf II 83/55 | DÖV 1956, 627 NJW 1956, 1582 |

**Anhang 2: Die Entwicklung der Nachkriegsrechtsprechung zum Prüfungswesen**

| Fall | Jahr | Tatbestand | Hauptthese | Begründende Unterthese | Weitere vertiefende Begründung | Gericht | Fundstelle |
|---|---|---|---|---|---|---|---|
| 32 | 1956 | Nichtversetzung | freies Ermessen: Basis dafür ist die Kenntnis der Entwicklung des Schülers während des Jahres. | Es ist ein Unterschied, ob er von seinem Lehrer oder von einer Prüfungskommission geprüft wird, die sich nur in einer kurzen Prüfung einen unmittelbaren Eindruck von seiner Persönlichkeit und Leistung bilden kann. Demgegenüber verfügt der Lehrer über das Gesamtbild eines Jahres. | Ein solches Bild vermag sich das Gericht nicht zu bilden: ordnet es mit Hilfe von Sachverständigen eine Lateinprüfung an, so erhält es nur ein zufälliges — zeitlich verspätetes — Augenblicksbild. — Rechtmäßig ist sowohl die besonders strenge, wie auch eine überaus milde Benotung. Die gemeinsame Beratung über die Leistungsnoten bietet Vertretern beider Extreme in der Regel Gelegenheit, eine mittlere Linie zu finden. | VG Kassel U.v.15.3.1956 II 9/56 | DÖV 1956,636 |
| 33 | 1956 | Nichtbestehen der Reifeprüfung: dem Kl. war von 4,66 auf 5 auf-, einem anderen von 1,66 auf 1 abgerundet worden | 1. Die Endnote in Deutsch ist kein Verwaltungsakt, wohl aber die Qualifikation, die der Prüfungsausschuß damit verbindet<br><br>2. Die Endnote wird nicht mathematisch errechnet, sondern in dem Durchschnitt von Vorzensur und schriftlicher wie mündlicher Prüfungsleistung — fachlich wertend — gefunden, wobei ein Beurteilungsspielraum verbleiben muß: | 1. Benotung und Beurteilung sind begrifflich zu trennen: Die Beurteilung „mangelhaft, mit Neigung zu ausreichend" ist bloß eine zusätzliche Motivierung der Note „mangelhaft" (5).<br><br>2. Denn es kann sehr gut möglich sein, daß fachliche Gründe bei einem einmaligen Versagen eines sonst sehr guten Schülers in der mündlichen Prüfung für eine besondere Berücksichtigung der Jahresdurchschnittsleistung bei der Festsetzung der Endnote sprechen. | | OVG Rheinland-Pfalz U.v.16.5.1956 2 C 62/55 | DÖV 1956,631 |

## Anhang 2: Die Entwicklung der Nachkriegsrechtsprechung zum Prüfungswesen

| Fall | Jahr | Tatbestand | Hauptthese | Begründende Unterthese | Weitere vertiefende Begründung | Gericht | Fundstelle |
|---|---|---|---|---|---|---|---|
| 34 | 1957 | Nichtaufnahme in die Hilfsschule: Kind sei noch nicht einmal hilfsschulfähig! | Hilfsschulfähigkeit ist ein unbestimmter Rechtsbegriff. Ihm ist — vom Gesetzgeber geschaffen — ein Beurteilungsspielraum eigen. In dem auch Sachverständige verschiedener Meinung sein können. | Wenn der eine Heilpädagoge zur Aufnahme in die Hilfsschule zurät, der andere (von der Schule bestellte) in seinem Gutachten abrät, so hält sich die Entscheidung im Rahmen des nicht überprüfbaren Beurteilungsspielraumes, der notwendig subjektiv gefärbt sei. | | OVG Lüneburg U.v.19.1.1957 VA 91/56 | DVBl. 1958,105 |
| 35 | 1957 | Zu strenge Bewertung in der 2. jur. Staatsprüfung | 1. Die Beurteilung von Prüfungsentscheidungen beruht auf einem wertenden Ermessen. 2. Jede Bearbeitung einer Aufgabe wird von zwei gleichen Prüfern selbständig bewertet, die den Verfasser nicht kennen. Dem Senat liegen die Prüfungsarbeiten des Klägers und die Bewertungen vor; sachfremde Erwägungen wurden nicht festgestellt. | 1. Die Verwaltungsgerichte können nicht ihr Ermessen an die Stelle des Verwaltungsermessens setzen. | | VGH Bayern U.v.15.4.1957 505 III 55 505 III 57 | VGHE N.F. Bd. 10,27 = VerwRsp. 9,829 |
| 36 | 1957 | Einstweilige Anordnung im Anschluß an Nichtversetzung | Ohne einstweilige Anordnung erleidet der Schüler einen nicht wieder gutzumachenden Schaden: | Da ihm der bis zum Ende des Prozesses durchgenommene Unterrichtsstoff in der Obersekunda fehlt, hat ein Erfolg der Klage keinen praktischen Nutzen mehr, weil er dann dem Unterricht nicht zu folgen vermag. Die Aussetzung der sofortigen Vollziehung des Verwaltungsaktes hätte dagegen nur zur Folge, daß der Kl. nicht als "sitzengeblieben" gälte, nicht aber, daß er an dem Unterricht der Obersekunda teilnehmen dürfte. | | LVG Düsseldorf Beschl. v. 6.5.1957 1 L 1262/57 | MDR 57,574 |

**Anhang 2: Die Entwicklung der Nachkriegsrechtsprechung zum Prüfungswesen**

| Fall | Jahr | Tatbestand | Hauptthese | Begründende Unterthese | Begründung | Gericht | Fundstelle |
|---|---|---|---|---|---|---|---|
| 37 | 1957 | Einstweilige Anordnung... | ist unzulässig: Selbst die bloß gastweise Zulassung würde das eigentliche Ziel der auf Versetzung gerichteten Klage vorwegnehmen. | Erweist der Hauptprozeß, daß die Nichtversetzung gerechtfertigt war, und tritt der Schüler in die niedere Klasse zurück, so fehlt ihm dort der grundlegende Beginn. Mit seinen Wissensmängeln schadet er sich und seinen Mitschülern. Er nimmt damit das erstrebte Klageziel vorweg, was praktisch nicht wieder gutzumachen ist. Nachhilfeunterricht kann helfen, sein Ergebnis läßt sich aber nicht sicher vorausbeurteilen. | | OVG Münster Beschl. v. 22. 11. 1957 V B 1141/57 | DVBl. 1958,107 DÖV 1958,468 |
| 38 | 1957 | Nichtaufnahme in die Sexta | *Schule:* Wir berufen uns auf den in Art. 20 II 2 GG verankerten Grundsatz der Gewaltenteilung und meinen, nur unsere Pädagogen sind berufen und in der Lage, die Eignung zu beurteilen; in diesen Beurteilungsspielraum darf ein Gericht nicht eingreifen.<br><br>*Gericht:* „Eignung" ist ein unbestimmter Rechtsbegriff, zu dessen Wesen die gerichtliche Überprüfbarkeit gehört (vgl. BVerfG in JZ 57,167 (169)). | Daß das Verwaltungsgericht hierbei unter Umständen eher an die Stelle des Urteils der Verwaltungsbehörde setzt, verletzt nicht den Art. 20 II 2 GG; vielmehr offenbart sich darin gerade der Rechtsstaat mit seiner wechselseitigen Kontrolle der Gewalten und der dadurch gewährleisteten Gesetzmäßigkeit der Verwaltung. | Das Verfassungsrecht könnte eher dadurch verletzt werden, daß die Gerichte sich an der Beurteilung der Schule rechtlich gebunden fühlen und sich einer Prüfung insoweit enthielten (vgl. Art. 19 IV GG). Jedoch kann bei unbestimmten *Rechtsbegriffen wertenden Inhalts* — mit Rücksicht auf die begrenzte Erkenntnisfähigkeit — ein gerichtsfreier Beurteilungsspielraum zweckmäßig und vertretbar sein. Er besteht, wenn er in *das Gesetz hineingelesen werden kann.* | BVerwG U.v. 29. 6. 1957 II C 105/56 | Bd. 5,153 DVBl.1958,99= NJW 58,232 |

Anhang 2: Die Entwicklung der Nachkriegsrechtsprechung zum Prüfungswesen

| Fall | Jahr | Tatbestand | Hauptthese | Begründende Unterthese | Weitere vertiefende Begründung | Gericht | Fundstelle |
|---|---|---|---|---|---|---|---|
| 39 | 1957 | Nichtbestehen der 1. jur. Staatsprüfung | *Kandidat:* Mit „ungenügend" kann nur eine Klausur bewertet werden, die überhaupt nichts Brauchbares enthält. Eine Klausur, die „etwas enthält" rechtfertigt die Note „unzulänglich". | *Justizprüfungsamt:* Eine ungenügende Klausur enthält in der Regel auch den einen oder anderen richtigen Gedanken; entscheidend ist aber der Gesamteindruck nach Aufbau, Inhalt und Form. Selbst wenn gleichwertige Kandidaten bestanden hätten, ist die Gleichheit gewahrt, weil jeder Prüfling individuell behandelt werden muß. *Gericht:* Die Note „ungenügend" sagt zwar, daß die Arbeit als solche völlig unbrauchbar ist, aber keineswegs, daß sie kein richtiges Wort enthält. Der Gesetzgeber läßt den Prüfern bewußt einen Beurteilungsspielraum. Dabei sollen Unterschiede, die durch die menschliche Natur bedingt sind, dadurch ausgeglichen werden, daß *nicht ein Prüfer allein* entscheidet. Im übrigen liegt eine erneute Bewertung nicht in der Aufgabe der Verwaltungsgerichte. | | *OVG Berlin* U.v.1957 I B 58/55 | „Studium und Praxis" 1957,26 |
| 40 | 1958 | Einweisung in (Hilfsschule) Sonderschule | Ob Beurteilungsspielraum gegeben, kann dahinstehen selbst wenn, dann nicht für päd. Bewertung bei Einweisung in die Sonderschule, da die Testmethoden derartig ausgestaltet, daß das Urteil nicht notwendig subjektiv gefärbt sein muß. | Daß Heilpädagogen sich dabei widersprechen, liegt in der Schwierigkeit des Erkenntnisvorgangs, ein Umstand, der bei vielen Tatfeststellungen gegeben ist, die von Richtern zu treffen sind. | Schwierigkeiten allein können nicht den Umfang der richterlichen Prüfungspflicht einschränken. Er muß häufig Entscheidungen treffen, die auf schwierigen technischen, medizinischen oder anderen fachlichen Beurteilungen ruhen. | *OVG Münster* U.v.24.4.1958 VA 25/57 | „Schüler — Richter — Lehrer" Seipp 1963 S. 39 |

12

13

## Anhang 2: Die Entwicklung der Nachkriegsrechtsprechung zum Prüfungswesen

| Fall | Jahr | Tatbestand | Haupthese | Begründende Unterthese | Weitere vertiefende Begründung | Gericht | Fundstelle |
|------|------|------------|-----------|------------------------|-------------------------------|---------|-----------|
| 41 | 1958 | Nichtbestehen der volkswirtschaftl. Diplomprüfung | 1. Die Benotung ist vorwiegend ein außerrechtlicher Vorgang.<br><br>2. Die Vorkorrektur durch Assistenten ist nicht zu beanstanden, solange der Prof. nicht unbesehen deren Vorschlägen folgt, sondern über jede Arbeit selbständig urteilt.<br><br>3. De lege ferenda wird der Prüfung durch mehrere Prüfer der Vorzug zu geben sein. | 1. Bei dem unbestimmten Rechtsbegriff „ausreichend" ergibt sich der allgemein anerkannte Begriffsinhalt nicht sofort aus dem Wort, sondern erst durch Auslegung: es werden nähere Tatbestandsmerkmale herausgestellt — z. B. hinreichend begabt —, die zwar vom Gesetz nicht genannt, aber hineingedacht werden.<br><br>3. Eine richterliche Beurteilung wird immer schwierig sein, wenn nur die einander widersprechenden Aussagen des Prüfers und des Kandidaten vorliegen. Bei wenigstens zwei Prüfern lassen sich zahlreiche Prozesse vermeiden. | 1. Diese Methode bleibt deshalb schwierig, weil der Begriff im Grunde nicht in Tatbestandsmerkmale zergliedert werden kann: denn es ist wenig gewonnen, wenn „ausreichend" als eine Leistung erläutert wird, welche durchschnittlichen Anforderungen entspricht. | *VGH Bebenhausen* U.v. 19. 7. 1958 112/58 | JZ 1959,67 |
| 42 | 1958 | Nichtversetzung | 1. Für die Zuerkennung eines Beurteilungsspielraums sind nicht die praktischen Schwierigkeiten entscheidend; vielmehr kommt es darauf an, ob das Gesetz in verfassungsrechtlich zulässiger Weise der Verwaltung einen Beurteilungsspielraum belassen hat. | 1. Dagegen spräche der Umstand, daß das GG sich nicht mit einer Gewaltenunterscheidung und Gewaltentrennung begnügt, sondern ausdrücklich die Gewaltenkontrolle zum Grundsatz erhebt: Art. 19 IV GG verpflichtet die Gerichte zur Kontrolle der vollziehenden Gewalt. Ihre Rechtsansicht hat Vorrang. | 1. Somit hat Art. 19 IV GG Schutzfunktion. Diese hat aber Grenzen: Art. 19 IV bestätigt nur, daß die Verletzung von Rechten überprüfbar ist, beantwortet aber nicht die Frage, wieweit diese Rechte gehen. | *OVG Münster* U.v. 22. 9. 1958 VA 1568/57 Revision siehe Fall 44 | DVBl. 1959,72 |

Anhang 2: Die Entwicklung der Nachkriegsrechtsprechung zum Prüfungswesen

14

| Fall | Jahr | Tatbestand | Hauptthese | Begründende Unterthese | Weitere vertiefende Begründung | Gericht | Fundstelle |
|---|---|---|---|---|---|---|---|
| | | | 2. Der Beurteilungsspielraum braucht vom Gesetz nicht expressis verbis eingeräumt sein; er kann interpretativ erschlossen werden, wenn eindeutige Anhaltspunkte dafür sprechen. Für das Schulwesen ist ein derartig eindeutiger Wille anzunehmen ... | 2. Weil bei pädagogisch-wissenschaftlichen Bewertungen von Leistungen und Eignungen der Rahmen nicht fest umrissen werden kann. | 2. Die Bewertung ist nicht a priori im einzelnen festzulegen, sondern notgedrungen ad personam gestellt, so daß ein Prüfling mit denselben Leistungen die Prüfung vor der Kommission A ohne und vor der Kommission B mit Erfolg ablegt. — Anerkennt der Richter diesen Beurteilungsspielraum | | |
| | | | 3. Nachprüfbar ist jedoch: ob das Verfahren eingehalten wurde, ob die Gleichheit gewahrt wurde, ob die Tatsachengrundlage zutrifft, ob die allgemein-gültigen Bewertungsgrundsätze eingehalten wurden und ob sich der Prüfer nicht von sachfremden Erwägungen leiten ließ. | 3. Dazu heißt es in einem unveröffentlichten Teil: Beide Englisch-Arbeiten *weisen so viele Fehler auf, daß sich eine willkürliche Unterbewertung nicht beweisen* läßt. Nicht bewiesen ist ferner eine Animosität gegen die Schülerin. Tatsache ist allerdings, daß die Lehrerin die Arbeit nachträglich abwertete, ohne dies kenntlich zu machen. Daraus kann aber nicht mit der nötigen Sicherheit auf schwidrige Erwägungen geschlossen werden (erst im Dienstaufsichtsverfahren geschehen). | — der von Schule zu Schule, von Kommission zu Kommission anders aussehen mag —, nicht, so entsteht ein gerichtliches Superprüfungssystem, welches dem Prüfungswesen Unordnung und dem Rechtsstaat Schaden zufügt. | | |
| 43 | 1958 | Einstweilige Anordnung bei einer Nicht- versetzung | Die Nachteile, daß das Kind bislang dem Unterricht der höheren Klasse nicht folgen darf, bestehen darin, daß es selbst bei Obsiegen dem Unterricht nur schwierig gewachsen wäre. | Muß das Kind in die untere Klasse zurück, so hat es bekannten Stoff. Ferner könnte es in der höheren Klasse seine Kenntnisse erweitern. Das öffentliche Interesse geht allerdings vor, wenn — wie hier — keine Anhaltspunkte für eine fehlerhafte Beurteilung vorliegen. | | *VGH Kassel* Beschl. v. 14. 10. 1958 B III 66/58 | NJW 1959, 1940 |

## Anhang 2: Die Entwicklung der Nachkriegsrechtsprechung zum Prüfungswesen

15

| Fall | Fall | Tatbestand | Haupthese | Begründende Unterthese | Weitere vertiefende Begründung | Gericht | Fundstelle |
|---|---|---|---|---|---|---|---|
| 44 | 1959 | Nichtversetzung | Wie die Erfahrung lehrt, kann das Urteil über den Wert geistiger Leistungen verschieden ausfallen. Um Nachteile zu vermeiden, erbringt der Prüfung in der Regel mehrere Prüfungsleistungen, die von mehreren Prüfern beurteilt werden. Der Lehrer beobachtet den Schüler längere Zeit und kann so zu einem ausgeglichenen Urteil gelangen. Die Rechtsordnung *verpflichtet* Lehrer und Prüfer nicht, zu demselben Urteil zu gelangen, zu dem später ein gerichtlicher Sachverständiger kommen würde. Sie sind auch nicht verpflichtet, die Gesamtnote nach den Regeln der Arithmetik zu bilden. Sie dürfen einen Gesamteindruck berücksichtigen. Daß nach dem Urteil eines Sachverständigen die Leistungen anders bewertet, oder daß der Vergleich der einzelnen Leistungen eine andere Gesamtnote ergeben müßte, ist kein Anfechtungsgrund. Der Richter könnte sich ein Urteil über die schriftlichen Leistungen eines Schülers in der französischen oder englischen Sprache oder eines Rechtskandidaten wohl erlauben. Eine Benotung wäre aber schon schwierig, da die Noten im Verhältnis zu den Noten der anderen Schüler oder unterdurchschnittliche Noten geben kann. Bei technischen Prüfungen wäre er aber ganz auf das Urteil der Sachverständigen angewiesen. Der Sinn der Prüfung ist es aber gerade, daß der Prüfling dem für ihn zuständigen Prüfer seine Fähigkeiten beweist. | *Rechtliche Nachprüfung im Sinne des Art. 19 IV GG wird dem Prüfling jedoch zuteil (im Umfang siehe Fall 42). Der gewaltenteilende Rechtsstaat in der Prägung des Grundgesetzes verlangt nicht, daß der Richter die vollziehende Gewalt in jedem Punkte prüfe. Er verlangt gerade das Miteinander der Gewalten. Er läßt es zu, daß der Verwaltung ein Ermessen eingeräumt wird, und beschränkt die Rechtsprechung auf die rechtliche Prüfung.* | BVerwG U. v. 24. 4. 1959 VII C 104.58 | *BVerwGE* 8, 272 |
| 45 | 1959 | Nichtbestehen der Diplomprüfung für Handelslehrer | Volle Überprüfung durch die Gerichte: Dem Urteil des Prüfers schließt sich die Kammer auch ohne Hinzuziehung weiterer Sachverständiger an: Zutreffend weist dieser darauf hin, daß die volkswirtschaftliche Klausur ohne ein Durchdenken der Probleme aus primitiven Vorstellungen und einer Anhäufung von Gemeinplätzen besteht. Mit einer solchen zusammenhanglosen Aneinanderreihung von oberflächlichen Behauptungen läßt sich die Befähigung zum Handelslehramt nicht nachweisen. | Die Anwendbarkeit auf unbestimmte Sachverhalte und auch die Auslegungsbedürftigkeit gehören zum Wesen jeder Rechtsnorm. Besonders dann, wenn eine Rechtsnorm einen vagen Rechtsbegriff verwendet, sind die Gerichte berufen, diesen Begriff durch wiederholte Anwendung auf den Einzelfall praktikabel zu machen. | Sonst wäre die maßgebliche Determinierung eines Begriffes nur der interessierenden Stelle überlassen, gegen die gerade der gerichtliche Rechtsschutz gewährt werden soll. | VG Frankfurt U. v. 20. 10. 1959 VI/Z 1122/58 | JZ 1961, 65 |

**Anhang 2: Die Entwicklung der Nachkriegsrechtsprechung zum Prüfungswesen**    16

| Fall | Jahr | Tatbestand | Hauptthese | Begründende Unterthese | Weitere vertiefende Begründung | Gericht | Fundstelle |
|------|------|-----------|-----------|------------------------|-------------------------------|---------|-----------|
| 46 | 1960 | Nichtbestehen der Postassistentenprüfung | Keine Aufbesserung von Prüfungsnoten durch das Gericht: Ob die Arbeit noch als mangelhaft statt — wie geschehen — als ungenügend hätte bewertet werden können, entzieht sich der gerichtlichen Beurteilung. | Es begegnet zwar begrifflichen Bedenken, Prüfungsentscheidungen als Ermessensentscheidungen anzusehen. Eines näheren Eingehens hierauf bedarf es aber nicht, weil jedenfalls im Ergebnis die gerichtliche Kontrolle von Prüfungsentscheidungen — da diese ihrem Wesen nach das höchstpersönliche Urteil eines nach bestimmten Gesichtspunkten zusammengesetzten Gremiums wiedergeben sollen — Grenzen unterliegt, die denen der Überprüfungen von Ermessensentscheidungen weitgehend entsprechen. | | *BVerwG* U.v. 19.10.1960 VI C 92/58 | NJW 1961, 796 |
| 47 | 1960 | Nichtversetzung | Es ist dem Verwaltungsgericht grundsätzlich versagt, in die eigentlichen Elemente der pädagogischen Bewertung einzudringen … | Denn eine Bewertung beruht auf inneren Vorgängen, die nur teilweise rational begründbar sind, und die je nach Ansichten und Eigenarten der Prüfer verschieden ausfallen kann, ohne daß sich feststellen läßt, was objektiv richtig ist. | | *VGH Kassel* U.v. 14.12.1960 OS II 96/58 | DVBl. 1962, 270 |
| 48 | 1961 | Nichtbestehen der pädagogischen Prüfung | Daß der Prüfer seine Entscheidung innerhalb eines Beurteilungsspielraumes fällt, darf nicht darüber hinwegtäuschen, daß er sich innerhalb dieses Spielraums immer nur für eine be*stimmte* Wertung als das richtige und ihm gerecht erscheinende Werturteil entscheiden kann. | | | *BVerwG* U.v. 14.7.1961 VII C 25.61 | BVerwGE 12, 359 JZ 61, 757 |

**Anhang 2: Die Entwicklung der Nachkriegsrechtsprechung zum Prüfungswesen**

| Fall | Jahr | Tatbestand | Hauptthese | Begründende Unterthese | Weitere vertiefende Begründung | Gericht | Fundstelle |
|---|---|---|---|---|---|---|---|
| 49 | 1962 | Nichtbestehen des Abiturs | 1. Es besteht kein Beurteilungsspielraum.<br><br>2. *Klägerin:* Aus unsachlichen Günden habe die Englisch-Lehrerin die schriftliche Arbeit mit der Note 6 bewertet.<br><br>*Gericht:* Das Gutachten des Professors für Anglistik beurteilt die Arbeit sprachlich mit der Note 4, in der Nacherzählung mit der Note 5 und in der Gesamtleistung ebenfalls mit der Note 5. Der Gegengutachter der Schulbehörde des Nachbarlandes kommt zum gleichen Resultat. Die Kammer schließt sich diesen Urteilen an. | 1. Streitig ist das Vorliegen der Hochschulreife. Damit wird eine pädagogische Entscheidung zur Rechtsentscheidung gemacht. Rechtsentscheidungen jedoch sind entweder falsch oder richtig. | | *VG Frankfurt* U.v. 27.2.1962 VI/2 1022/61 | JZ 1962,504 |
| 50 | 1963 | Nichtbestehen des Abiturs | Zu den für das Prüfungsrecht wesentlichen Verfassungsprinzipien gehört auch das Rechtsstaatsprinzip, das aber nicht verletzt ist, weil der Musiklehrer bei der Abschlußberatung und Abstimmung fehlte. | Dies deshalb, weil die Notengebung mitunter einem kleinem Gremium überlassen ist. Da aber auch eine solche Regelung rechtsstaatlich ist, kann die Abwesenheit des Musiklehrers keine Verletzung bedeuten. | | BVerwG U.v. 14.6.1963 VII 68.62 | Recht und Wirtschaft der Schule 1963 S. 369/70 |
| 51 | 1963 | Nichtbestehen der Wirtschaftsprüfer-Prüfung | *Die Befangenheit eines Prüfers* wird regelmäßig zu verneinen sein, wenn der Prüfling Schüler des Prüfers an der Hochschule gewesen ist, beispielsweise dort an dessen Seminaren teilgenommen hat. | Hierfür spricht, daß der Professor sich seiner wissenschaftlichen Verantwortung bewußt ist und deshalb einem alten akademischen Herkommen entsprechend gegen seine Mitwirkung an Prüfungen, an denen seine Schüler beteiligt sind, nichts einzuwenden ist. | | BVerwG U.v. 14.6.1963 VII C 44.62 | Recht und Wirtschaft der Schule 1963,370 |

17

**Anhang 2: Die Entwicklung der Nachkriegsrechtsprechung zum Prüfungswesen**

| Fall | Jahr | Tatbestand | Hauptthese | Begründende Unterthese | Weitere vertiefende Begründung | Gericht | Fundstelle |
|---|---|---|---|---|---|---|---|
| 52 | 1963 | Nichtbestehen der großen jur. Staatsprüfung. | *Gegenwärtige Rechtslage:* Prüfungsentscheidungen können nur daraufhin nachgeprüft werden, ob der Prüfer von falschen Tatsachen ausgegangen ist, allgemein gültige Bewertungsgrundsätze nicht beachtet hat oder sich von sachfremden Erwägungen hat leiten lassen. | Durch diese *aus der Natur der Sache* sich ergebenden Grenzen richterlicher Nachprüfbarkeit päd.-wissenschaftl. Wertungen werden *verfassungsrechtliche Grundsätze,* insbesondere *Art. 19 IV GG* nicht verletzt. | Die Rechtsprechung der OVG und VHGs steht, soweit ersichtlich, mit der Rechtsprechung des Senats im Einklang. Sollten vereinzelte Urteile von erstinstanzlichen Verwaltungsgerichten noch anderer Auffassung sein und nicht im Berufungsverfahren aufgehoben worden sein, weil kein Rechtsmittel eingelegt wurde, so ändert das nichts daran, daß diese Frage in der Rechtsprechung des Senates grundsätzlich geklärt ist. | *BVerwG* Beschl. v. 20.12.1963 VII B 21.63 | Sammlung Buchholz der Entsch. d. BVerwG 421 Nr. 24 |
| 53 | 1964 | Nichtbestehen des Abiturs | Der Reifeprüfungsausschuß ist keine selbständige Behörde, so daß er der Nachprüfung durch eine höhere Behörde nicht entzogen ist.<br><br>Bei der Zuerkennung der Reife spielen päd. Erwägungen mit. Das Gericht kann deshalb die Schule nur verpflichten, erneut zu beschließen, nicht aber, das Reifezeugnis zu erteilen... | Eine andere Rechtsauffassung wäre *rechtspolitisch unerwünscht,* weil die Gerichte gezwungen würden, die erprobten Grundsätze der Rechtsprechung zum Beurteilungsspielraum aufzugeben oder — falls die Gerichte weiter päd.-wissenschaftl. Wertungen nicht nachprüfen — die Gefahr einer Verkümmerung des Rechtsschutzes entstünde.<br><br>Denn es bleibt immer noch die Möglichkeit, daß der Prüfungsausschuß aus pädagogischen Gründen, die der Wertung des Gerichtes entzogen sind, dem Schüler das Reifezeugnis mit Recht versagt. | Es ist von jeher üblich gewesen, daß sich die Eltern der versagenden Schüler zunächst an das Schulkollegium (als Fachaufsichtsbehörde der Prüfungsausschüsse) wenden, die eine Nachprüfung vornehmen, welche die auf fachlich oder auch rein menschlicher Unzulänglichkeit beruhenden Fehler in etwa ausgleicht. Dadurch ist es möglich, der Überspannung an einzelnen Anforderungen von Anstalten vorzubeugen. | *OVG Münster* U.v. 23.3.1964 VA 2/64 | Recht und Wirtschaft der Schule 1964,277 |

## Anhang 2: Die Entwicklung der Nachkriegsrechtsprechung zum Prüfungswesen

19

| Fall | Jahr | Tatbestand | Hauptthese | Begründende Unterthese | Weitere vertiefende Begründung | Gericht | Fundstelle |
|---|---|---|---|---|---|---|---|
| 54 | 1964 | Nichtbestehen der Reifeprüfung | Das Fernbleiben eines Mitgliedes des Prüfungsausschusses an der Beratung und Abstimmung über die Deutschnote ist ein schwerwiegender Verfahrensfehler. | Dieser Meinungsaustausch ist deswegen von besonderem Gewicht, weil erst durch ihn das Leistungs- und Persönlichkeitsbild des Prüflings klar hervortritt. | Wollte man ein derartiges Vorgehen zulassen, dann wäre es jedem Mitglied in die Hand gegeben, sich seiner Verantwortung als Prüfer zu entziehen und damit das Prüfungsergebnis — unter Umständen auch aus unsachlichen Gründen — in einer den Leistungen des Prüflings nicht entsprechenden Weise einzuwirken. | *OVG Bremen* U.v. 21.5.1964 a BA 35/62 | DVBl. 1966,40 |
| 55 | 1964 | Nichtbestehen der volkswirtschaftlichen Diplomprüfung | Der Prüfungsausschuß der Universität wird verpflichtet, die abgelegte Diplomprüfung als bestanden zu erklären: | Zwar muß der Prüfer die Gesamtnote nicht arithmetisch ermitteln. Waren aber die Einzelleistungen nie so schwach, daß sie mit 5 bewertet wurden, so kann auch keine Gesamtnote 5 gebildet werden. Hinzu kam: Wenn man bedenkt, daß eine Klausur 4 Stunden dauert (die mündliche Prüfung dagegen nur 7—10 Minuten) und daß bei zwei ungenügenden Klausuren eine mündliche Prüfung bereits entfällt, dann kann man aus einer glatten 4 im schriftlichen und einer normalen 5 im mündlichen nicht die Gesamtnote 5 bilden. — Damit ist die Prüfung bestanden. | | *VGH Bayern* U.v. 19.6.1964 287 III 62 | nicht veröffentlicht |

**Anhang 2: Die Entwicklung der Nachkriegsrechtsprechung zum Prüfungswesen**

20

| Fall | Jahr | Tatbestand | Hauptthese | Begründende Unterthese | Weitere vertiefende Begründung | Gericht | Fundstelle |
|---|---|---|---|---|---|---|---|
| 56 | 1964 | Nicht-versetzung | Ist in einem Fach ordnungsgemäße *Warnung* ergangen, so ist — für die Versetzung — in diesem Fach von der Note „ausreichend" auszugehen.<br><br>Die Wertung im einzelnen und das Gewicht der ausreichenden oder besseren Leistungen kann das Gericht nicht vorschreiben, da es damit der allein der Schule obliegenden wiss.-päd. Wertung vorgreifen und den der Konferenz zustehenden Beurteilungsspielraum nicht beachten würde. | Gegen Art. 3 GG verstößt es nämlich, wenn eine Behörde, nachdem sie eindeutige Verwaltungsvorschriften regelmäßig befolgt hat und damit eine Selbstbindung eingegangen ist, davon im Einzelfall ohne sachliche Gründe abweicht. | Dies bestätigt die VO selbst, wonach versetzt werden muß, wenn die Eltern nicht spätestens 6 Wochen vorher gewarnt werden. Die Erkrankung des Lehrers kann nicht zum Nachteil des Schülers berücksichtigt werden. Die Schule muß daher erneut entscheiden. | *VG Düsseldorf* U.v. 9. 7. 1964 1 K 1140/64 | Recht und Wirtschaft der Schule 1965,45 |
| 57 | 1964 | Nichtbestehen des Abiturs | 1. Kein Anspruch auf umfassende Begründung der Einzelnoten. | 1. Sonst würde sich etwa bei einer Lateinarbeit die Frage ergeben, ob jeder einzelne Fehler schriftlich besonders begutachtet werden muß und ob es auch Ausführungen darüber bedarf, weshalb etwa zehn Fehler des einen Prüflings schwerer wiegen als die gleiche Anzahl anderer Fehler eines weiteren Prüflings. | 1. Derartig eingehende Begründungen würden jede Behörde vor kaum lösbare Aufgaben stellen, zumal zu berücksichtigen ist, daß Prüfungserfahrung, Kenntnis des unterschiedlichen Leistungsstandes, Gesamteindruck einer Arbeit und ähnliche Faktoren für die Beurteilung eine wesentliche Rolle spielen, ohne daß dies in der Begründung stets einen vollen Niederschlag finden kann. | *BVerwG* U.v. 10. 7. 1964 VII C 124/63 | NJW 1965,707/8 |

**Anhang 2: Die Entwicklung der Nachkriegsrechtsprechung zum Prüfungswesen**

| Fall | Jahr | Tatbestand | Hauptthese | Begründende Unterthese | Weitere vertiefende Begründung | Gericht | Fundstelle |
|------|------|------------|------------|------------------------|-------------------------------|---------|------------|
| | | | 2. Rechtsschutz für weitergehende Information nur, wenn gewichtige Anhaltspunkte für einen Bewertungsfehler vorliegen. | 2. Würde beispielsweise eine Mathematikarbeit als mangelhaft bewertet worden sein, weil die Aufgaben zwar richtig gelöst worden waren, jedoch ein anderer als der vom Mathematiklehrer besprochene Lösungsweg beschritten wurde, ohne daß die Aufgabe einen bestimmten Lösungsweg vorschrieb, so würde sich die Frage ergeben, ob nicht allg. Prüfungsgrundsätze verletzt worden sind. | 2. In solchen Fällen würde der im Prüfungsbereich notwendige Rechtsschutz gegeben sein, da nach der ständigen Rechtsprechung des Senats Prüfungsentscheidungen daraufhin überprüft werden können, ob der Prüfer von falschen Tatsachen ausgegangen ist, allgemeingültige Bewertungsgrundsätze nicht beachtet hat oder sich von sachfremden Erwägungen hat leiten lassen. | | |
| 58 | 1965 | Nichtbestehen des Abiturs | Erteilen von Zwischennoten ist ein wesentlicher Verfahrensfehler | Da der — nicht gültige — Erlaß eine Bewertung der Note 5+ rein rechnerisch bis 4,6 zuläßt, kann nicht sicher gesagt werden, daß die Prüfer — bei einem Zwang zu vollen Noten — statt der Note 5+ die Note 5 erteilt | zumal der Note 5 besondere Bedeutung zukommt, nachdem sie unterhalb der entscheidenden Leistungsgrenze liegt. Es ist deshalb nicht auszuschließen, daß ein Prüfer, der eine Arbeit mit der Note 5+ bewertet hat, für den Fall, daß er sich zwischen den Noten 4 und 5 entscheiden muß, der 4 den Vorzug gibt. | *VGH Mannheim* U.v. 28. 6. 1965 I 677/62 | DVBl. 1966/37 |

Anhang 2: Die Entwicklung der Nachkriegsrechtsprechung zum Prüfungswesen

22

| Fall | Jahr | Tatbestand | Hauptthese | Begründende Unterthese | Weitere vertiefende Begründung | Gericht | Fundstelle |
|------|------|-----------|-----------|------------------------|-------------------------------|---------|-----------|
| 59 | 1965 | Nichtbestehen des Abiturs | 1. Bei einer Prüfungszeit von 9 Minuten können weit mehr als nur 3 Fragen an den Prüfling gerichtet werden.<br><br>2. Sein Versagen bei einem nicht allzu schwierigen Thema (Ohmsches Gesetz) konnte als schwerer Mangel gewertet werden.<br><br>3. Wird sein völliges Versagen offenbar, dann sichern etwas bessere Bewertungen in den Vorjahren ihn nicht vor einem „ungenügend". | 1. Auf jeden Jura-Kandidaten entfallen durchschnittlich 10 Minuten, die einen Überblick über seinen Leistungsstand vermitteln.<br><br>3. Denn es gibt zahlreiche Grenzfälle, in denen es außerordentlich zweifelhaft ist, ob „ungenügend" oder „mangelhaft" dem Leistungsstand gerecht wird, und in denen der Lehrer, um dem Schüler eine Chance zu geben, sein völliges Versagen zu verdecken, oder aber, weil einige nicht gänzlich ungenügende Leistungen die Hoffnung auf einen Leistungsanstieg erwecken, sich für die Note mangelhaft entscheidet. | 1.—3. Es lag in dem Beurteilungsspielraum des Ausschusses, bei seiner Gesamtwürdigung mit in Betracht zu ziehen, daß die Note möglicherweise eine Leistung (im Fache Deutsch) betraf, die an der unteren Grenze des Durchschnittes lag. Die Schwierigkeit, eine gerechte Entscheidung in Prüfungen zu finden, ergibt sich gerade daraus, daß eine Fülle von Faktoren der sorgfältigen Berücksichtigung und Abwägung bedarf und der Richter *nur ganz ausnahmsweise bei einer besonderen Gestaltung des Falles diesen Bewertungsvorgang anstelle des Prüfers selbst vornehmen kann.* Die Prüfungssituation ist jedenfalls grundsätzlich ein einmaliger Vorgang, bei dessen Bewertung es nicht darauf ankommt, ob der Prüfling eine wenigstens halbwegs brauchbare Antwort auf eine Prüfungsfrage gibt. Vielmehr muß auch berücksichtigt werden, welchen Weg der Prüfling eingeschlagen hat, um die Lösung zu finden, und mit welcher Genauigkeit er die von ihm gefundene Lösung begründet hat. Auch die Antworten, die genügt haben, um in einem bestimmten Fach die Note „genügend" zu rechtfertigen, können Hinweise geben, welche für seine abschlie- | BVerwG U.v. 2.7.1965 VII C 171.64 | DVBl. 1966,35 |

**Anhang 2: Die Entwicklung der Nachkriegsrechtsprechung zum Prüfungswesen**

| Fall | Jahr | Tatbestand | Hauptthese | Begründende Unterthese | Weitere vertiefende Begründung | Gericht | Fundstelle |
|---|---|---|---|---|---|---|---|
| 60 | 1965 | Nichtbestehen der Assessor-Prüfung | 1. Der Grundsatz der Chancengleichheit ist verletzt, wenn nicht die Möglichkeit geboten wird, zur Vorbereitung des Vortrages auch am 2. Werktag vor der Prüfung die Gerichtsbücherei zu benutzen. | | ßende Gesamtbeurteilung im positiven oder negativen Sinne erheblich sind. Soweit der Prüfungsvorgang nicht aufgeklärt ist, handelt es sich somit um Fragen, die im Rahmen des dem Ausschuß zustehenden Beurteilungsspielraums lagen. | BVerwG U.v. 23.7.1965 VII C 196.64 | DVBl. 1966,860 |
| 61 | 1966 | Kündigung des Doktoranden-Verhältnisses | Bei der Beurteilung der Frage, ob die menschlichen und wissenschaftlichen Voraussetzungen für eine Weiterführung des Doktorandenverhältnisses noch gegeben sind, muß dem Hochschullehrer (wie der Fakultät) ein pädagogisch-wissenschaftlicher Bewertungsspielraum ebenso wie im Prüfungsrecht zugebilligt werden, wobei der Schwerpunkt auf der wissenschaftlichen Beurteilung liegt. | | | BVerwG U.v. 26.8.1966 VII C 113.65 | DVBl. 1966,864 |
| 62 | 1966 | Nichtbestehen der 1. jur. Staatsprüfung | 1. Keine Verletzung der allg. Bewertungsgrundsätze, wenn eine Klausur mit mangelhaft bewertet worden ist, obwohl sie im Ergebnis der Musterlösung entspricht. | 1. Eine Arbeit, die aufgrund fehlerhafter und insbesondere auch verschwommener Gedankengänge zum richtigen Ergebnis gelangt, kann mangelhaft sein. Umgekehrt kann eine Arbeit, die gutes juristisches Denkvermögen und Rechtskenntnisse erkennen läßt, selbst wenn die Lösung nicht zutrifft, erheblich über dem Durchschnitt liegen. Daher kann auch einer Musterlösung nur beschränkter Wert beige- | 1. Es kommt im wesentlichen auf den folgerichtigen Aufbau, den Grad der rechtlichen Durchdringung des Falles und die Klarheit der Gedankenführung an. Eine Prüfungsarbeit verdient eine wesentlich höhere Note, wenn der Prüfling die rechtlichen Probleme in ihrer Bedeutung erfaßt und ihre Tragweite sorgfältig erörtert hat, auch wenn er sich dann für eine unrichtige Lösung entscheidet, als wenn | BVerwG Beschl. v. 30.8.1966 VII B 113.66 | DVBl. 1966,860 |

**Anhang 2: Die Entwicklung der Nachkriegsrechtsprechung zum Prüfungswesen**

24

| Fall | Jahr | Tatbestand | Hauptthese | Begründende Unterthese | Weitere vertiefende Begründung | Gericht | Fundstelle |
|---|---|---|---|---|---|---|---|
| | | | 2. Die Angriffe der Kl., daß ihre Prüfungsleistungen vom Gericht nicht nachgeprüft worden seien, gehen schon deswegen fehl, weil das Justizprüfungsamt eine Kopie der öffentlich-rechtlichen Klausur der Kl. zu den Gerichtsakten übersandt hat.<br><br>3. Das unterschiedliche Gewicht der bei einem Prüfling offenbar gewordenen Fehler läßt es nicht zu, bei der Gesamtwürdigung schematisch vorzugehen.<br><br>4. *Pädagogisch-wissenschaftliche Bewertungen unterliegen der Nachprüfung der Gerichte nur in einem beschränkten Umfange.* | messen werden. Keinesfalls entbindet sie den Prüfer von der Verantwortung, den Gedankengängen des Prüflings nachzugehen und diese selbständig zu bewerten.<br><br>2. Die Klägerin war somit selbst in der Lage, sich davon zu überzeugen, welche erheblichen Mängel und Schwächen ihre Arbeit aufweist, zumal ihr auch die Fundstelle der Entscheidung, der die Prüfungsaufgabe entnommen ist (in JR 1961, 423), bekannt ist.<br><br>4. Diese Rechtsprechung berücksichtigt die Eigenart der Prüfungsgewalt und insbesondere den Umstand, daß der Richter die Bewertung der Prüfungsleistung nicht nachvollziehen kann. Insoweit ist die grundsätzliche Frage des Umfangs der richterlichen Kontrolle als geklärt anzusehen. | er die Probleme kaum erkannt oder nur oberflächlich berührt und das richtige Ergebnis nur deshalb getroffen hat, weil er die Problematik nicht voll erfaßt hat. | | |

# Literaturverzeichnis

*Andre,* Achim: Beweisführung und Beweislast im Verfahren vor dem Europäischen Gerichtshof, Köln 1966

*Arentz,* Günther: Der Rechtscharakter des Art. 19 Abs. 4 des Grundgesetzes, Kölner Dissertation 1963

*Bachof,* Otto: Anm. zu dem Urteil des OVG Rheinland-Pfalz NJW 53, 317
— Beurteilungsspielraum, Ermessen und unbestimmter Rechtsbegriff im Verwaltungsrecht JZ 55, 97
— Die Rechtsprechung des Bundesverwaltungsgerichts JZ 57, 431
— Anm. zu dem Urteil des BVerwG DÖV 57, 788
— Grundgesetz und Richtermacht — Rektoratsrede Tübingen 1959
— Verfassungsrecht, Verwaltungsrecht, Verfahrensrecht in der Rechtsprechung des Bundesverwaltungsgerichts, zitiert: Bachof, Rechtsprechung Bd. I 3. Aufl. Tübingen 1966
  Bd. II 1967

*Baumbach-Lauterbach,* ZPO-Kommentar 27. Aufl. 1963 München—Berlin

*Bettermann,* Karl August: Der Schutz der Grundrechte in der ordentlichen Gerichtsbarkeit in: Die Grundrechte, Handbuch der Theorie und Praxis der Grundrechte, herausgegeben von Bettermann/Nipperdey/Scheuner Bd. III/2 Berlin 1959
— Beweislast und Beweisverteilung im Zivil- und Verwaltungsprozeß, Referat für den 46. Juristentag nach dem Bericht in NJW 66, 2050

*Bindokat,* Heinz: Die Sachverständigen JZ 54, 399

*Bonner Kommentar:* Kommentar zum Bonner Grundgesetz Hamburg 1950

*Brunn/Hebenstreit:* Bundesentschädigungsgesetz, Kommentar Berlin 1965

*Buchholz,* Karl: Sammel- und Nachschlagewerk der Rechtsprechung des Bundesverwaltungsgerichts Berlin 1964. Zitiert: Sammlung Buchholz

*Canaris,* Claus-Wilhelm: Die Feststellung von Lücken im Gesetz, Berlin 1964

*Czermak,* Fritz: Anm. zu dem Urteil BVerwG NJW 61, 1226
— Verwaltungsgerichtliche Nachprüfbarkeit der unbestimmten Rechtsbegriffe NJW 61, 1905
— Schul- und Prüfungsentscheidungen vor den Verwaltungsgerichten DÖV 62, 921
— Zum gerichtsfreien Beurteilungsspielraum im Verwaltungsrecht JZ 63, 276
  Anm. zu dem Urteil OVG Bremen NJW 64, 122
  Anm. zu dem Urteil VG Wiesbaden NJW 64, 939
— Unbestimmter Rechtsbegriff und Beurteilungsspielraum. Erwiderung zum Aufsatz von Fellner in DVBl 66, 161
— DVBl 66, 366
— Verwaltungsgerichtsbarkeit und Gewaltenteilung DÖV 67, 673

*Dietze*, Gottfried: Rechtsstaat und Staatsrecht in: Die moderne Demokratie und ihr Recht Tübingen 1966 S. 17 f.

*Ehmke*, Horst: Ermessen und unbestimmter Rechtsbegriff im Verwaltungsrecht Tübingen 1960

— Prinzipien der Verfassungsinterpretation VVDStL 20, 53 (1963)

*Eichenberger*, Kurt: Die richterliche Unabhängigkeit als staatsrechtliches Problem Bern 1960

*Eiselt*, Gerhard: Aufschiebende Wirkung des Widerspruchs und der Klage gegen Entscheidungen in inneren Schulangelegenheiten RWS 60, 15

— Anm. zu dem Urteil des BVerwG RWS 60, 91

— Anm. zu dem Urteil des OVG Lüneburg RWS 61, 28

— Zur Rechtsstellung von staatlichen Prüfungsausschüssen innerhalb der Verwaltungsorganisation RWS 61, 76

*Engisch*, Karl: Logische Studien zur Gesetzesanwendung 3. Aufl. 1963

— Einführung in das juristische Denken 3. Aufl. 1964

*Eschenburg*, Theodor: Staat und Gesellschaft 5. Aufl. Stuttgart 1962

*Esser*, Josef: Grundsatz und Norm in der richterlichen Fortbildung des Privatrechts Tübingen 1956

*Eyermann*, Erich/*Fröhler*, Ludwig: VwGO-Kommentar 4. Aufl. München 1965

*Forsthoff*, Ernst: Zur Problematik der Verfassungsauslegung Stuttgart 1961

— Rechtsstaat im Wandel, Verfassungsrechtliche Abhandlungen 1950—1964 Stuttgart 1964

— Lehrbuch des Verwaltungsrechts 9. Aufl. München—Berlin 1966

*Friesenhahn*, Ernst: Der Rechtsschutz im öffentlichen Recht nach dem Bonner Grundgesetz DV 49, 478—485

— Die rechtsstaatlichen Grundlagen des Verwaltungsrechts in: Recht — Staat — Wirtschaft II. Bd. Stuttgart 1950 S. 239 ff.

*Fritzsche*, Ernst: Gerichtliche Nachprüfungen pädagogischer Wertungen RWS 60, 53

*Geiger*, Willi: Von der Aufgabe und der Bedrängnis des Richters, Deutsche Richterzeitung 59, 336

*Giese/Schunck:* Grundgesetz für die Bundesrepublik Deutschland, Kommentar Karlsruhe 1960

*Giese/Schunck/Winkler:* Verfassungsrechtsprechung in der Bundesrepublik, Entscheidungssammlung Frankfurt, zitiert: Giese

*Goeckel*, Klaus: Die Grundsätze des Rechtsstaates in der höchstrichterlichen Rechtsprechung der Bundesrepublik Deutschland Diss. Tübingen 1965

*Gross*, Werner: Im Spannungsfeld von Verwaltung und Verwaltungsgerichtsbarkeit DVBl 54, 739

*Hamann*, Andreas: Anmerkung zu dem Urteil OVG Rheinland-Pfalz DVBl 54, 579 (581)

— Das Grundgesetz Kommentar 2. Aufl. 1960

*Heckel*, Hans: Umfang und Grenzen der Schulaufsicht DÖV 52, 617

— Heutiger Stand und Künftige Aufgaben des Schulrechts DÖV 56, 585

*Heckel*, Hans: Gegenwartsprobleme des Schulrechts und der Schulverwaltung DVBl 57, 482

— Die Bedeutung der Verwaltungsrechtsprechung für die Entwicklung des deutschen Schulrechts DÖV 63, 442

— Schulfreiheit und Schulaufsicht ZBR 65, 129

*Heckel*, Johannes/*Seipp*, Paul: Schulrechtskunde 3. Auflage Berlin und Neuwied 1965

*Herrfahrdt*, Heinrich: Tragweite der Generalklausel im Art. 19 Abs. 4 des Bonner Grundgesetzes — Berlin 1950 VVDStL 8, 126

*Hesse*, Konrad, Grundzüge des Verfassungsrechts der Bundesrepublik Deutschland Karlsruhe 1967

— Der Rechtsstaat im Verfassungssystem des Grundgesetzes in: Festschrift Staatsverfassung und Kirchenordnung Tübingen 1962, S. 71 ff.

*Hippel von*, Eike: Die Konkretisierung von Grundrechtsnormen NJW 67, 539

*Hochstetter/Seipp/Muser*: Schüler—Richter—Lehrer Maßnahmen der Schule im Spiegel der Rechtsprechung Berlin 1963

*Hofmeister*: Anm. zu dem Urteil VG Frankfurt RWS 61, 56

*Hruschka*, Joachim: Die Konstitution des Rechtsfalles — Studien zum Verhältnis von Tatsachenfeststellung und Rechtsanwendung Münchner Diss. Berlin 1965

*Huber*, Hans: Niedergang des Rechts und Krise des Rechtsstaates in: Festgabe Giacometti Zürich 1953 S. 59 ff.

*Imboden*, Max: Gemeindeautonomie und Rechtsstaat in: Festgabe Giacometti Zürich 1953 S. 89 ff.

— Gedanke und Gestalt des demokratischen Rechtsstaates Wien 1965

*Jahrreiß*, Hermann: Die Wesensverschiedenheit der Akte des Herrschens und das Problem der Gewaltenteilung in: Vom Bonner Grundgesetz zur gesamtdeutschen Verfassung München 1956

*Jarosch*, Roland: Die Prüfung unbestimmter Rechtsbegriffe durch die Verwaltungsgerichte DVBl 54, 521

*Jellinek*, Walter: Verwaltungsrecht 3. Aufl. 1948

*Jesch*, Dietrich: Unbestimmte Rechtsbegriffe und Ermessen in rechtstheoretischer und verfassungsrechtlicher Sicht 1957 AöR 82, 163

— Anm. zu dem Urteil BVerwG JZ 58, 705

*Kägi*, Werner: Rechtsstaat und Demokratie in: Festgabe Giacometti Zürich 1953 S. 107 ff.

*Kellner*, Hugo: Der sogenannte Beurteilungsspielraum in der verwaltungsgerichtlichen Prozeßpraxis NJW 66, 857

*Kelsen*, Hans: Die Lehre von den drei Gewalten in: Kant-Festschrift 2. Aufl. Berlin 1924

*Klein*, Friedrich: Tragweite der Generalklausel im Art. 19 Abs. 4 des Bonner Grundgesetzes Berlin 1950 VVDStL 8, 67

*Klein*, Rüdiger: Die Kongruenz des verwaltungsrechtlichen Ermessensbereichs und des Bereichs rechtlicher Mehrdeutigkeit. Versuch einer rechtstheoretischen Präzisierung ermessender Geistestätigkeit AöR 82, 75

— Anm. zu dem Urteil des VG Frankfurt JZ 61, 66

*Klinger*, Hans: VwGO-Kommentar 2. Aufl. Göttingen 1964

*Knies*, Wolfgang: Schranken der Kunstfreiheit als verfassungsrechtliches Problem Diss. München 1967

*Koch*, Hans-Jörg: Sachverständige oder Spezialgerichtsbarkeit JR 56, 369

*Koehler*, Alexander: VwGO-Kommentar 1960

*Kopp*, Ferdinand: Die Grenzen der richterlichen Nachprüfung wertender Entscheidungen der Verwaltung DÖV 66, 317

*Krauss*, Günther: Die Gewaltengliederung bei Montesqieu in: Festschrift für Carl Schmitt Berlin 1959

*Kriele*, Martin: Theorie der Rechtsgewinnung entwickelt am Problem der Verfassungsinterpretation Berlin 1967

*Krüger*, Herbert: Verfassungsauslegung aus dem Willen des Verfassungsgebers DVBl 61, 685

— Allgemeine Staatslehre 2. Aufl. Stuttgart 1966

*Laforet*, Wilhelm: Die Scheidung der Gewalten nach dem Bonner Grundgesetz, Sonderdruck aus: Gegenwartsprobleme des Rechts, veröffentlicht von der Görres-Gesellschaft Paderborn 1950

*Larenz*, Karl: Methodenlehre der Rechtswissenschaft, 2. Aufl. Berlin 1969

— Kennzeichen geglückter richterlicher Rechtsfortbildungen, Vortrag Karlsruhe 1964

*Lauterbach*, Heinz: Bemerkungen zur Stellung der Klassenkonferenz im pädagogischen Bereich gegenüber der Schulaufsichtsbehörde RWS 61, 327 (mit Erwiderung von Eiselt RWS 61, 328)

*Leggewie*, Otto/*Pöttgen*, Heribert: Die Reifeprüfung, Eine pädagogische und juristische Betrachtung der Reifeprüfung, ihrer Sonderform und des zweiten Bildungsweges, Luchterhand Neuwied 1966

*Leibholz*, Gerhard: Das Spannungsverhältnis von Politik und Recht in Integritas: Geistige Wandlung und menschliche Wirklichkeit Tübingen 1966 S. 211

*Leibholz/Rinck:* Grundgesetz-Kommentar Köln 1966

*Lerche*, Peter: Wehrrecht und Verwaltungsgerichtsbarkeit DVBl 54, 626

— Anm. zu dem Urteil OVG Münster JZ 59, 672 S. 674

— Grundrechte der Soldaten in: Die Grundrechte — Handbuch der Theorie und Praxis der Grundrechte. Herausgegeben von Bettermann/Nipperdey/Scheuner Berlin 1960 Bd. IV/1 S. 447

— Übermaß und Verfassungsrecht Bonn 1961

— Stil, Methode, Ansicht, Polemische Bemerkungen zum Methodenproblem DVBl 61, 690

*Maetzel*, Wolf: Beweislast und Beweiserhebung im Verwaltungsprozeß, DÖV 66, 520

*Mampe*, Günter: Rechtsprobleme im Schulwesen. Schulentscheidungen als Rechtsakte Berlin 1965

— Rechtsprobleme des inneren Schulwesens RWS 62, 168

*Mangoldt von*, Hermann/*Klein*, Friedrich: Das Bonner Grundgesetz, Kommentar Bd. I 2. Aufl. Berlin 1966

*Maunz*, Theodor: Deutsches Staatsrecht, 14. Aufl. München 1965

*Maunz*, Theodor/*Dürig*, Günter: Grundgesetz, Kommentar 2. Aufl. München Stand 1966

*Menger*, Christian-Friedrich: Der Schutz der Grundrechte in der Verwaltungsgerichtsbarkeit in: Die Grundrechte, Handbuch der Theorie und Praxis der Grundrechte, herausgegeben von Bettermann/Nipperdey/Scheuner Bd. III/2 Berlin 1959

*Meyer*: Zur Problematik der unbestimmten Rechtsbegriffe in der Rechtsprechung der Verwaltungsgerichte DÖV 54, 366

*Müller*, Friedrich: Normstruktur und Normativität. Zum Verhältnis von Recht und Wirklichkeit in der juristischen Hermeneutik, entwickelt an Fragen der Verfassungsinterpretation Berlin 1966

*Ossenbühl*, Fritz: Probleme und Wege der Verfassungsauslegung DÖV 65, 649

*Peters*, Hans: Rechtsstaat und Rechtssicherheit in: Recht — Staat — Wirtschaft III Bd. 1951 S. 60 ff.

*Pittermann*, Wolfgang: Verwaltungsgerichtlicher Rechtsschutz gegen Maßnahmen der Schul- und Prüfungsgewalt, Diss. Marburg 1960

*Redding*, Günter: Unbestimmter Rechtsbegriff oder Ermessen DÖV 54, 365

*Redeker*, Konrad/*Oertzen von*, Hans-Joachim: VwGO-Kommentar 2. Aufl. Stuttgart 1965

*Rehmert*, Fritz: Anm. zu dem Urteil des OVG Hamburg NJW 56, 1852
— Anm. zu dem Urteil BVerwG NJW 58, 232 (233)
— Verwaltungsgerichtliche Probleme des Schülerrechts DÖV 58, 437

*Rentzsch*, Christoph: Anm. zum Beschluß des BVerwG RWS 62, 307

*Reuss*, Hermann: Das Ermessen DVBl 53, 585
Der unbestimmte Rechtsbegriff. Seine Bedeutung und seine Problematik DVBl 53, 649

*Reuter*, Albert: Schulordnung und Verwaltungsgerichtsbarkeit DÖV 54, 305
— Verwaltungsakte der Schulen Bayer.VerwBl 58, 16

*Rosenberg*, Leo: Lehrbuch des Deutschen Zivilprozeßrechts 9. Aufl. München—Berlin 1961, zitiert a.a.O.
— Die Beweislast 4. Aufl. München—Berlin 1956 zitiert: Rosenberg, Beweislast

*Rupp*, Hans Heinrich: Grundfragen der heutigen Verwaltungsrechtslehre 1. Aufl. Tübingen 1965

*Schäck*, Ernst: Zur Bedeutung der Rechtsprechung für die Entwicklung des Schulrechts RWS 60, 12/76

*Scheuerle* Wilhelm: Beiträge zum Problem der Trennung von Tat- und Rechtsfrage. Archiv für zivilistische Praxis 157 S. 1 ff. 1958/59

*Scheuner*, Ulrich: Grundfragen des modernen Staates in: Recht-Staat-Wirtschaft Bd. 3 1951 S. 126
— Der Bereich der Regierung in: Rechtsprobleme in Staat und Kirche, Festgabe für Rudolf Smend 1952
— Grundrechtsinterpretation und Wirtschaftsordnung DÖV 56, 65

*Scheuner,* Ulrich: Die neuere Entwicklung des Rechtsstaates in Deutschland in: Hundert Jahre Deutsches Rechtsleben, Festschrift Deutscher Juristentag Karlsruhe 1960 Bd. II S. 229 ff.

*Schneider,* Hans: Anm. zu dem Urteil des LVG Rheinland-Pfalz DVBl 53, 82

*Schneider,* Peter: in dubio pro libertate, Festschrift Deutscher Juristentag Bd. II Karlsruhe 1960 S. 263 ff. zitiert: Festschrift

— Prinzipien der Verfassungsinterpretation VVDStL 20, 1

*Schreckenberger,* Waldemar/*Sofsky,* Günter: Schule und Rechtsprechung RWS 62, 161

*Schunck-De Clerck:* VwGO-Kommentar Siegburg 1961

*Stohlmann,* Alfred: Die Unbestimmtheit der Begriffe „Rechtsstaat" und „freiheitliche demokratische Grundordnung" in der Rechtsprechung des Bundesverfassungsgerichts Diss. Münster 1965

*Thieme,* Werner: Deutsches Hochschulrecht Köln 1956

— Die verwaltungsgerichtliche Überprüfung von Entscheidungen in Schul-, Ausbildungs- und Prüfungssachen NJW 54, 742

— Anm. zu dem Urteil des OVG Rheinland-Pfalz NJW 54, 1461

*Tietgen,* Walter: Beweislast und Beweiswürdigung im Zivil- und Verwaltungsprozeß, Gutachten für den 46. Deutschen Juristentag Bd. 1 Gutachten 1966

*Tilch,* Horst: Der Rechtsschutz gegen Verwaltungsakte im Schulverhältnis Diss. München 1961

*Ule,* Carl Hermann: Probleme des verwaltungsgerichtlichen Rechtsschutzes im besonderen Gewaltverhältnis VVDStL 15 (1957) 133

— Anm. zu den Urteilen der VG Wiesbaden und Berlin NJW 64, 939

— Zur Anwendung unbestimmter Rechtsbegriffe im Verwaltungsrecht in: Gedächtnisschrift für Walter Jellinek München 1965 S. 309

— Verwaltungsprozeßrecht 4. Aufl. München und Berlin 1966

*Vogt,* Dietrich: Schulrecht und Recht der Schule RWS 61, 129; Recht und Päd. in Zensuren RWS 62, 129

*Waltner,* Georg: Die gerichtliche Überprüfbarkeit von Verwaltungsentscheidungen im Rahmen des sogenannten Beurteilungsspielraums Diss. München 1968

*Weber,* Werner: Spannungen und Kräfte im westdeutschen Verfassungssystem 2. Aufl. Stuttgart 1958

— Die Teilung der Gewalten als Gegenwartsproblem in: Festschrift für Carl Schmitt Berlin 1959

*Werner,* Fritz: Schule und Verwaltungsgerichtsbarkeit ZBR 56, 373

— Zur Kritik an der Verwaltungsgerichtsbarkeit DVBl 57, 221

— Zur Lage des Schulverwaltungsrechts DÖV 58, 433

— Über Tendenzen der Entwicklung von Recht und Gericht in unserer Zeit Karlsruhe 1965

*Wertenbruch,* Wilhelm: Erwägungen zur materiellen Rechtsstaatlichkeit in: Festschrift für Hermann Jahrreiß Köln 1964 S. 487 ff.

*Wolff,* H. J.: Verwaltungsrecht I, Lehrbuch 5. Aufl. 1963 Verwaltungsrecht III München—Berlin 1966

MIX
Papier aus verantwortungsvollen Quellen
Paper from responsible sources
FSC® C105338

Printed by Libri Plureos GmbH
in Hamburg, Germany